분단에 부딪혀 쓰러진 민족주의자

– 선태섭의 삶과 죽음을 중심으로 –

분단에 부딪혀 쓰러진 민족주의자
-선태섭의 삶과 죽음을 중심으로-

초판 1쇄 발행   2013년 11월 30일

지은이 Ⅰ 최정기
발행인 Ⅰ 윤관백
발행처 Ⅰ 선인

편   집 Ⅰ 심상보
표   지 Ⅰ 안수진
영   업 Ⅰ 이주하

등록 Ⅰ 제5-77호(1998.11.4)
주소 Ⅰ 서울시 마포구 마포동 324-1 곳마루 B/D 1층
전화 Ⅰ 02)718-6252 / 6257   팩스 Ⅰ 02)718-6253
E-mail Ⅰ sunin72@chol.com
Homepage Ⅰ www.suninbook.com

정가   18,000원
ISBN   978-89-5933-668-5   93910

분단에 부딪쳐 쓰러진 민족주의자

- 선태섭의 삶과 죽음을 중심으로 -

최정기

머 리 말

사회학에서는 사회현상을 설명하는 과정에서 특정 인물에게 큰 의미를 부여하기가 어렵다. 그보다는 대체로 사회적 조건이나 환경, 역사적 맥락 등에 더 초점을 맞추는 경향이 크다. 사회문화적 조건을 벗어나서 개인의 천재성만으로 무엇인가를 할 수 있는 인간은 없다고 생각하는 것이며, 개인의 천재성 역시 사회적 조건으로부터 자유롭지 않다고 생각하기 때문이다. 나아가 "인간은 사회적(혹은 정치적) 동물"이라는, 고대로부터 전해오는 지극히 당연한 담론을 적극적으로 수용한 결과이기도 하다. 그렇다고 개인이 전혀 중요하지 않다고 생각하는 것은 아니다. 모든 인간은 그 자체로 독특한 존재이며, 유사한 조건과 환경 속에서도 서로 다르게 행동하는 동물이다. 역사적 사건이나 현상 속에는 한 개인의 특이한 행동이나 태도, 성향, 생각 등이 매우 큰 변화를 가져오기도 하며, 다른 한편으로는 한 사람의 삶 속에 그 시기의 갈등과 고민이 담겨있는 경우도 많다.

필자가 우리나라의 근현대사를 연구하는 과정에서 선태섭이라는 인물을 처음 만난 것은 1990년을 전후한 무렵이었다. 당시 우리 사회에서는 그동안 별로 다루어지지 않았던 근현대사에 대한 연구가 유행처럼 번지고 있을 때였으며, 그 과정에서 한국전쟁 이후 금기시되었던 사회주의 관련 동향들에 대해서도 다양한 자료들이 발굴되고 있을 때였다. 당시 광주지역에는 광주민중항쟁을 연구하기 위하여 조직된 한국현대사사료연구소(이하 현사연)가 5·18에 대한 자료조사를 마친 후, 그러한 전국적인 경향에 합류하면서 후속작업으로 지역현대사 연구를 시작한 상태였다. 그 연구소에 속해 있었던 필자는 별다른 고민 없이 지역현대사 관련 연구를 함께 하면서 선태섭이라는 이름을 발견했던 것이다. 그러나 당시까지만 하더라도 선태섭은 그저 수많은 사회주의 활동가 중의 한 명이었으며, 크게 기억에 남는 것은 없었다.

그러다가 현사연의 연구팀은 지역의 근·현대사 자료들을 토대로 주요 인물들을 정리해보기로 했다. 인물들의 삶과 행적을 통해 지역의 근대화 과정을 구체적으로 검토하고, 그동안 밝혀지지 않았던 지역 수준의 근현대사를 다시 쓰자고 하는 기획이었다. 그래서 수년간 지역의 근·현대사를 연구하였던 경험을 토대로 현사연 연구진들은 1993년 초에 대략 100명 가량의 영역별 주요 인물들을 선정하였다. 사회적 갈등과 민족해방운동, 한국전쟁 등으로 점철된 한국 근현대사의 영향 때문인지 선택된 인물들은 사회운동 관련자가 60명 정도였으며, 그 외에는 각 분야에서 고르게 주요 인물들을 선정하였다. 그리고 이 작업을 후원하고, 지면을 할애해줄 언론기관을 찾기 시작했다.

마침 설립된 지 얼마 되지 않은 무등일보(광주광역시 소재)에서 우리들의 글을 매주 연재하기로 하고, 작업에 필요한 경비를 제공해주었다. 그 결과 1993년 6월부터 2년간 현사연 연구팀들은 매주 무등일보 지면을 빌어 인물사를 게재하였다. 그 작업은 매우 지난한 작업이었다. 인물과 관련된 자료를 모으는 일, 인물에 따라 기술 방향을 정하는 일, 가족들이나 지인들을 만나서 구체적인 사실들을 조사하는 일, 필요한 사진자료들을 만들어내는 일, 작성된 글을 함께 검토하는 일 등 2년이라는 시간이 어떻게 지나갔는지 모를 정도로 바쁜 상황 속에서 지역현대사를 재정립하기 시작했다. 이 과정에서 우리는 지역의 역사가 전국적인 수준과 유사하게 진행되지만, 그럼에도 불구하고 지역만의 특색과 맛이 있다는 것을 알 수 있었다. 그 결과는 『근현대의 형성과 지역 사회운동』(새길출판사, 1995), 『근현대의 형성과 지역 엘리트』(새길출판사, 1995)라는 두 권의 책으로 묶어져 출간되었다.

이 과정에서 필자는 다시 한 번 선태섭과 마주하게 되었다. 보다 정확하게 말하면 선태섭이라는 인물에 초점을 맞추어서 자료를 검토하고, 그를 알고 있는 사람들을 찾아다니게 된 것이다. 조사를 위해 필자는 구례 지역의 노인들을 만났고, 그들의 소개로 선태섭의 가족들도 만나게 되었다. 선태섭의 아들들은 서울에서 사업을 하고 있었다. 인물사를 쓰면서 만난 사회주의 활동가들의 자식들을 보면 대체적으로 한국 사회에서 나름대로 훌륭하게 살아가고 있었다. 사실 우리 사회가 한국전쟁 이후 극으로 치달은 반공국가였으며, 그것에 토대를 둔 권위주의체제였다는 점을 감안하면 이는 놀라운 일이었다. 선태섭의 아들들 역시 사업을 통해 나름대로 성공적인 삶을 영위하고 있었다.

한편 가족들이나 친지들을 통해서 알게 된 선태섭은 여러 가지 면에서 나에게 놀라운 인물이었고, 나는 그의 행적에서 깊은 감명을 받았다. 그는 다음의 몇 가지 점에서 다른 활동가들과는 다른 인생 행적으로 보여주었다.

첫째, 그는 그야말로 빈농의 아들로 태어나 자신의 노력만으로 사회주의운동의 지도자로 성장한 인물이었다. 무산자 계급의 이익을 위해 싸운다는 사회주의운동이지만, 사실 대부분의 활동가들은 지주 등 유산자 출신인 경우가 많다. 그것은 아마도 대부분의 활동가들이 일본 유학 등 학교교육이나 학교를 매개로 이루어진 관계망을 통해서 사회주의를 받아들인 경우가 많았고, 당시의 상황에서 학교를 가기 위해서는 상당한 자산이 필요했기 때문일 것이다. 그런데 선태섭은 대부분의 활동가들과는 달리 독학 및 노력으로 공부를 하였으며, 온갖 어려움 속에서도 초심을 잃지 않고 사회주의 지도자가 되었다는 점에서 관심이 갈 수밖에 없었다.

둘째, 선태섭은 사회주의 활동가로서는 드물게 사업가로 성공한 인물이었고, 활동과정에서도 주로 재정 분야를 담당하고 있다는 점에서 매우 독특한 인물이었다. 사회주의 이론이 경제에 관한 분석을 주로 하고 있기 때문에 사실 사회주의 활동가들은 경제에 대한 전문가인 경우가 많다. 하지만 그들의 전문적인 지식은 그 기조가 반(反)자본주의 경향을 갖는 것이기 때문에, 그들이 직접 경제활동에 종사하는 경우는 그렇게 많지 않다. 특히 식민지 시기의 활동가들은 대부분 정치적 활동만을 강조하는 경우가 많았다. 이렇게 볼 때, 선태섭의 행적은 충분히 검토할 필요성을 느꼈다.

세 번째로 그의 행적은 통상적인 좌와 우의 구도로는 설명되지 않는 경우가 많았다. 그는 사회주의 이론을 열심히 공부하고, 그에 크게 영향을 받았지만, 그렇다고 이론에만 의존해서 활동하지는 않았다. 그는 매우 현실적인 노선을 강조하였고, 필자의 판단으로는 민족주의의 토대 위에서 하나의 수단으로 사회주의 이론을 받아들이고 있었다. 그래서 그런지 그와 친하게 지내는 사람들 중에는 통상적인 대립구도로 볼 때 우파에 속하는 사람들도 다수 있었다. 즉 적극적인 친일파가 아닌 한 그는 그다지 출신성분을 따지지 않았다. 이러한 그의 태도 및 생활상은 계급 간 갈등이 매우 심각했던 우리의 근대화과정에서는 쉽게 보기 힘든 경우였다.

네 번째로 분단체제와 관련된 그의 행적이었다. 그는 38선과 휴전선을 한 번씩 넘나든 경험을 갖고 있었다. 세계에서 가장 강력한 무기들로 무장한 군대가 서로 대치하고 있다는, 그래서 오고가기가 거의 불가능하다는 한반도의 분단선을 그는 두 번이나 오고 간 것이다. 이 과정에서 그가 보여준 태도들을 보면, 그의 관심은 오직 분단을 끝내고 통일국가를 세우자는 것이었다. 이것은 그가 평생에 걸쳐 염원했던 민족 대다수를 위한 자주국가의 건설이라는 꿈과 연결된 문제였다. 물론 그의 행적은 남과 북의 대립체제 하에서는 어느 한 쪽 편으로 보일 수 있는 것이었지만, 그의 생각이 어느 한 쪽과 완전히 일치하는 것은 아니었다. 그는 남과 북의 대치국면에서 어떻게 하면 평화적인 방법으로 통일된 민족국가를 수립할 수 있는가에 관심을 갖고 있었던 것이다. 이러한 그의 삶의 행적은 적어도 필자에게는 그 자체로 관심의 대상이었다.

이와 같은 관심이 이 책으로 연결되기까지에는 수많은 사람들의 노력과 도움이 있었다. 가장 먼저 생각나는 사람은 선태섭의 장남으로 필자에게 이 작업을 최초로 권유했던 진규씨이다. 그러나 그는 필자가 이 작업을 하겠다는 생각을 하기도 전에 이미 세상을 떠났다. 이 자리를 빌어 그에게 죄송하다는 말을 전하고 싶다. 다음으로는 이 작업을 처음부터 끝까지 함께 하면서 도움을 주었던 둘째 아들 마규씨이다. 그는 자신이 기억하고 있는 아버지에 대한 모든 것들을 필자에게 알려주려고 노력했으며, 제3자가 요청하기 어려운 수사기록 등을 구해주는 등 실질적인 도움을 주었다. 특히 그를 통해 입수한, 1957년도 북에서 남파되었다가 체포되었을 때 작성되었던 자필 진술서 및 경찰심문조서는 이 책이 만들어질 수 있었던 가장 중요한 자료라고 할 수 있다. 이외에도 이제는 세상을 떠난 선태섭의 미망인과 말년의 선태섭을 수년간 수발했던 그의 큰 며느리 등도 필자에게는 소중한 증언자들이었다.

선태섭의 사회활동은 다양한 곳에서 확인할 수 있었다. 문승이 선생님을 비롯한 구례지역의 원로들은 자신들이 보았거나 들었던 사실들을 내게 전해주면서 이 작업에 도움을 주었다. 또 선태섭과 활동을 같이 했던 사람들, 대표적인 분들만 꼽는다면 전남노농협의회를 함께 했던 김호선 선생님, 1930년대 함께 사회운동 활동을 했던 유치오 선생님, 전라남도 인민위원회 활동을 함께 했던 이익우 선생님 등은 자료로는 얻기 어려운 많은 것들을 알려주었다. 이분들의 증언을 통해 필자는 자료에 있는 사실들의 구체적인 양상을 어느 정도 확인할 수 있었고, 자료로는 파악되지 않는 여러 가지 사실들도 알 수 있었다. 이제는 아마도 이분들 모두가 고인이 되었을 것인데, 생전에 작업을 마무리하지 못했다는 것이 못내 마음에 남는다.

한 권의 책을 쓰는 것은 어려운 일이지만, 불가능할 정도는 아니다. 그러나 이 책을 준비하는 동안 필자는 여러 차례에 걸쳐 작업의 중단 여부를 고민했었다. 그것은 이 책이 치열하게 살아왔던 한 사람의 삶의 기록이기 때문이었다. 충분한 자료 없이 어설프게 쓴 글이 한 사람의 삶에 대해 왜곡할 가능성이 있다는 것에 대해 필자는 항상 두려웠다. 물론 왜곡의 방향은 상반된 두 방향이 모두 가능할 것이다. 지나친 비하와 지나친 찬양, 두 가지 모두 해서는 안 된다고 생각했다. 이렇게 생각하고 있던 필자에게 힘을 준 것은 선태섭이 1957년에 작성한 자필 진술서와 수사기록이었다. 물론 이 자료들도 수사과정에서 어느 정도 왜곡되었겠지만, 일제하의 활동에 대해서는 왜곡할 이유가 별로 없었다고 생각하며, 최소한 선태섭 본인에게는 진실이었다고 판단하였다. 결국 이 두 자료 때문에 이 책이 세상에 나오게 되었다. 책을 마무리하면서 이 책이 선태섭에 대한 객관적인 평가에 도움이 되기를 바란다. 그의 공과는 분단체제의 반쪽이 갖는 가치로 평가할 수 없는 것이다.

마지막으로 이 책이 나오는 과정에 도움을 준 분들에게 고맙다는 인사를 전하고 싶다. 선태섭의 가족들과 그를 선배로 여기고 사는 수많은 사람들에게 우선 고마움을 전하고 싶다. 이들의 다종다양한 도움이 아니었다면, 이 책은 시도 자체가 불가능했을 것이다. 또 동료 선생님들 및 대학원생들에게도 고마움을 전한다. 수많은 조사여행 및 토론을 통해 필자는 이들에게 커다란 빚을 지고 있다. 그리고 선인출판사 윤관백 사장 이하 직원분들에게도 고마움을 전한다.

2013년 10월
용봉동 연구실에서
최정기

목 차

I. 들어가는 말

1. 민족주의자로 자부하는 한 노인의 초라한 죽음

1975년 3월 19일 마포구 연남동에서 70세의 노인이 사망하였다. 그는 사는 동안 모두 열 명의 자식들을 낳았지만, 정작 자신이 죽을 때는 어떤 자식도 그의 임종을 지킬 수가 없었다. 자식들 중 일부는 북한에 살고 있기 때문에 그의 죽음을 알지 못했지만, 남한에만 해도 세 명의 아들과 네 명의 딸이 살고 있었는데, 그중 누구도 그의 죽음을 지켜볼 수 없었다. 당시 그의 집은 중앙정보부와 경찰들이 에워싸고 있어서 일반인들의 출입은 통제되고 있었다. 1975년은 긴급조치시대라는 명칭이 붙을 정도로 정보당국에 의한 권위주의 통치가 기승을 부릴 때였다. 그래서 중앙정보부라는 이름은 일반인에게 무시무시한 공포를 상징하는 것이었으며, 일상적으로 마주칠 수 있는 것이 아니었다. 이러한 시기에 한 사람이 병으로 죽어가는 현장을 중앙정보부 관계자들이 감시하고 있었던 것이다. 뿐만 아니었다. 자식들의 사업체는 국세청의 조사가 진행되고 있었으며, 그것과는 별도로 자식들의 사업체에 대해 이른바 '반공법'사건 수사가 진행되는 상황이었다. 이러한 일련의 사태로 인해 자식들은 수사망을 피해 도망 다니고 있었다. 자식들을 대신하여 그의 임종을 지켜보고 있는 사람은 그의 오랜 벗들이라고 할 수 있는 남궁현과 유치오였다. 죽는 사람이 누구이기에 이토록 험한 일이 벌어지고 있는 것일까?

당시 사망한 사람은 선태섭이었다. 그는 일제시기 전반에 걸쳐서 항일운동에 투신했던 사람으로, 최소 다섯 번 이상 경찰당국에 체포되어 형사처벌받은 경력을 갖고 있었다. 그 경력만으로 본다면 항일운동에 투신한 직업적인 사회운동가로, 일제로부터 해방된 이후에는 존경을 받아 마땅한 인물이었다. 그러나 그는 해방된 이후 분단된 상황에서 한반도의 북쪽을 선택하였다. 후술하겠지만, 일제시기 그의 운동 경력으로 판단할 때 그는 사회주의 경향을 가진 민족주의자라고 할 수 있다. 그런데 해방정국의 한반도 남쪽은 친일파가 그대로 살아남아 또 다시 지배세력을 형성하고 있었으며, 그 결과 일제하에서 항일운동을 주도했던 대다수가 좌익으로 몰리는 상황이었다. 더욱이 해방정국에서의 좌우 갈등은 백색테러를 포함한 모든 수단이 동원되는 극한적인 대립으로 치닫고 있었다. 이런 상황에 내몰려 그는 남에서의 탄압을 피해 월북할 수밖에 없었다.

선태섭의 삶은 우리나라의 민족주의에 대해 여러 가지 생각을 하게 한다. 민족주의는 민족이 단일 주권국가를 이루어 대외적으로는 자주 독립성을 유지하고, 대내적으로는 공동체 내의 평등과 정의실현을 목표로 하여 사회적 통합과 발전을 기하려는 이념이라고 할 수 있다. 따라서 우리나라의 민족주의를 구성해 온 필수요소는 한민족 혹은 우리 국민의 민족정체성에 대한 긍정적인 인식과 민족자존의식, 반제·반봉건의 민중주의 출현과 전개, 국민주권의식의 형성과 정치운동화, 민족적 독립의지와 운동력, 국민적 근대화의지와 그 지향성 등이었다(이기백 책임편집, 1999: 3).

이러한 민족주의는 자기 완결적인 논리를 갖기보다는 역사적 시기마다 다양한 이데올로기와 결합하면서 당대의 국면을 반영하여 외부로 표출된다. 한국의 민족주의 사상은 한말에는 반봉건·반외세운동을 추동하였고, 일제강점기에는 국권회복운동과 근대국가건설운동을 이끌어왔다. 그런데 1919년의 3·1운동을 거치면서 점차 사회주의 경향을 가진 세력들이 항일운동을 주도하기 시작하였다. 그리고 1930년대에 들어서면서부터는 조직적인 항일운동을 전개하는 세력은 대부분 사회주의를 표방하고 있었다. 즉 일제시기의 민족주의를 규정하는 문제는 민족주의와 사회주의를 어떻게 구별할 것인가에 달려 있는 것이다. 실제로 일제하의 사회주의자들은 대부분 민족주의자에서 출발하여 사회주의자가 되었으며, 사회주의자들의 사상투쟁 중 상당수는 민족주의와의 관계를 둘러싸고 벌어지고 있었다(위의 책: 97~99). 다시 말해 민족주의를 민족주체성에 근거해서 자주독립 국가를 건설하려는 것으로 이해한다면, 적어도 1930년대 이후 우리나라의 민족주의는 이들의 자기규정에 관계없이, 사회주의적 경향을 지닌 것으로 받아들일 수밖에 없는 것이다.

이렇게 볼 때, 그동안 우리가 통상적으로 했던 정치적 표현들이 이해하기 어렵게 된다. 우리는 통상 일제시기의 사회운동 및 해방정국의 정치 대립을 구별할 때 우파적 경향을 갖는 사람들을 '민족진영'이라고 불러왔다. 예를 들면 한민당의 주요 인사들인 김성수, 송진우 등을 그렇게 호명하였다. 그러면서 해방정국의 대립구도를 민족진영 대 좌익으로 표현하였다. 민족이라는 단어가, 민족주의라는 표현이 전혀 다른 맥락 속에 놓이게 된 것이다. 해방정국에서 어떻게 이런 일들이 발생하고 있는 것인가? 이런 일들은 비단 해방정국에서만 발생한 것은 아니다. 1960년대 이후의 권위주의시대에도 유사한 일이 일어났다. 국민교육헌장의 첫 구절은 "우리는 민족중흥의 역사적 사명을 띠고 이 땅에 태어났다"로 시작한다. 여기서의 민족이라는 단어가 갖는 의미가 무엇인지는 분명하다. 민족을 하나의 유기체와 같은 것으로 설정하면서 일사불란한 지배 및 통치의 대상으로 만들고 있는 것이다. 다시 말해 이때의 민족은 권위주의적 통치의 대상일 뿐이다.

물론 개념의 왜곡이 일어났다고 해서 민족이나 민족주의라는 단어의 의미가 왜곡된 채 그대로 굳어진 것은 아니다. 사실 그랬다면 그 단어가 지배의 수단으로 사용되지도 않았을 것이다. 우리의 현대사 속에서는 현대적으로 재해석된 민족주의가 다양한 형태로 출현하고 있다. 가장 큰 계기는 4·19였다. 4·19는 독재체제에 항거하면서 주권재민의 근대국가를 추구한다는 점에서도 그렇지만, 분단체제에 문제를 제기하고 북한을 같은 민족이라고 인식하면서 통일운동으로 승화시켰다는 점에서 새로운 형태의 민족주의가 출현한 출발점이라 할 수 있다. 이 글의 주된 질문은 여기에 있다. 한국의 민족주의는 어떻게 형성되었으며, 어떻게 변형되어 왔는가를 한 민족주의자의 삶을 통해 비춰보려는 것이다. 그리고 그 대상으로 선태섭을 선정하였다. 그는 빈농의 아들로 태어나 국가와 민족을 위한다는 일념으로 살아온 사람이었지만, 결국은 분단의 벽을 넘지 못하고 죽어간 사람이다. 그의 삶의 궤적을 통해서 우리는 이 땅의 민족주의가 어떠한 형태로 변해왔는가를 알 수 있을 것이다.

II. 선태섭의 성장 배경

1. 출생과 가족

선태섭은 1906년 1월 13일[1] 전라남도 구례군 마산면 마산리 153번지 (청내)에서 부 선필근(宣必根)과 모 양순덕(梁順德)의 장남으로 출생하였다. 호(號)는 이산(異山)이다. 형제로는 1908년에 태어난 남동생(태옥)이 하나 있다. 아버지의 본관은 보성이었고, 어머니의 본관은 남원이었다. 그의 아버지는 선태섭이 태어난 지 4년째 되던 해 사망하였고, 선태섭은 어린 나이인 1908년 12월 19일 호주를 승계하였다. 그렇지 않아도 가난하던 그의 집은 이때부터 더 어려운 형편이었던 것으로 보인다.

선태섭의 아버지는 평범하고 가난한 농사꾼으로 별다른 점이 없었지만, 그의 어머니는 매우 독특한 가계에 속한 인물이었다. 선태섭의 외할아버지는 구례지역 갑오농민군의 지도자 중 한 사람인 양주신이었던 것

---

1) 이는 호적상의 출생연도이며, 일반적으로는 1905년생인 것으로 알려져 있다. 그런데 그가 피의자심문조서에서 했던 증언을 보면 실제로는 1904년생이 아닌가 하는 의심이 든다. 그는 일관되게 자신의 나이를 1904년생에 맞추어서 진술하고 있다.

▲ **선태섭의 생가터인 구례군 마산면 청내마을 자리**
여순사건 시 군인들이 마을을 불태워버려 원래 마을의 자취는 찾기 어렵다.

으로 보인다. 이에 대해서는 후술하겠지만, 선태섭의 성장과정에 가장 큰 영향을 미친 사람은 어머니였다. 그의 어머니는 아버지의 영향 때문인지 국가와 사회개혁에 대한 강력한 의지를 갖고 있었으며, 이러한 의지를 선 태섭을 통해 실현하려고 했다. 이에 대해서 1957년 당시 선태섭은 경찰에 체포되어 제출한 자필진술서에서 다음과 같이 이야기하고 있다.

> "어머님께서는 늘 항상 나라와 동포와 특히 빈천한 사람들을 위하야 장래 에 쓸모 있는 훌륭한 사람이 되여야 한다고 우리 어린 두 형제에 간곡히 타일러주시곤 하였으며 청년 시기에도 이러한 뜻을 훈육과 편달을 아끼시 지 안하였는데 이것이 나의 의지발전에 영향한바 실로 적이 않았다. 어머님 이 이렇게 교도하시는 것을 갑오농민전쟁 당시 구례지방의 수반을 활동하 시든 나의 외조부님께서 원통하게도 ○○에게서 총살을 당하신 것이 어머 님으로서는 철천의 원한이 골수에 사무쳐 있었기 때문이었다."

갑오농민전쟁 당시 사망한 선태섭의 외할아버지는 앞에서 말한 바와 같이 광의면에 살았던 양주신인 것으로 추정된다. 당시의 기록에 의하면 구례지역의 접주는 임정연이었다. 양주신은 1892년 무렵 광의면 사적동에 기거하면서 구례지역의 동학조직을 관리하고 있던 임정연이 동학에 입교하기를 권하는 격문을 돌릴 때, 그에 호응하여 입교하였다. 그리고 그는 입교 이후 매우 적극적으로 활동하여 구례지역 동학조직의 접사를 맡았던 것으로 보인다(구례군지, 상권: 471). 나아가 그때부터 그는 농민군을 이끄는 실질적인 지도자였던 것으로 보이며, 그 결과 1895년 1월 이두황이 인솔하는 800여 명의 장위영 군사들이 구례를 점령한 직후인 1월 11일 임정연과 함께 처형당했다. 이후 선태섭의 어머니가 어떻게 살았는지, 또 선태섭의 아버지와 어떻게 결혼하게 되었는지는 분명치 않지만, 결혼하기 전까지 매우 고생하면서 살았을 것이라는 점은 어렵지 않게 추측할 수 있다.

그런 집안의 영향을 받아서인지 어머니는 가난한 집안 형편에도 불구하고 선태섭에게 교육의 중요성을 강조하였다고 한다. 그래서 선태섭은 어린 나이 때부터 한학을 공부했었고, 신학문을 접할 수도 있었다. 또 선태섭은 어린 시절부터 어머니에게 "남자는 집안일에 얽매이지 말고 나라 일에 진력해야 한다"는 가르침을 수없이 들으면서 성장하였다. 이러한 어머니의 존재가 선태섭의 삶에 매우 큰 영향을 미친 것은 당연한 일이었다. 우연의 일치인지 모르지만, 갑오농민전쟁 당시 구례지역에서 농민군이 남원의 농민군과 연합하기 위해 최후로 집결한 곳이 광의면 연파리였다. 그리고 1930년대 중반 선태섭이 감옥에서 나온 이후 새롭게 둥지를 튼 곳도, 그의 고향인 마산면 청내가 아니라 광의면 연파리였다. 선태섭이 새로운 삶을 생각하면서 그의 외조부를 떠올렸다면, 지나친 추측일까?

　아버지를 일찍 여읜 선태섭은 당시의 일반적인 관습에 따라 17세였던 1921년 3월 1일 김문임과 결혼하였다. 김문임은 전라남도 구례군 토지면 문수리 520번지에 사는 경주김씨 김봉기와 최일임의 여식으로 1907년 6월 8일생이었다. 집안의 대를 잇기 위해 집안에서 주선한 결혼이었던 것으로 보인다. 그러나 이들의 결혼생활은 그렇게 길지 않았다. 아마도 사회운동을 활발하게 전개하면서 신문명을 받아들였던 선태섭과 평범한 시골 아낙이었던 둘의 결혼이 그렇게 원만하지 않았던 것 같다. 결국 1935년 5월 26일 둘은 합의 이혼하였다.

　비록 이러한 형태의 이혼이 일반적이었던 당시 사회분위기였지만, 이혼한 부인에 대한 미안함은 선태섭이 평생 동안 지고 있던 마음의 부담이었다. 그래서 사망하기 직전에 문병 온 고향 친구에게 그동안 모아두었던 용돈을 주면서 이혼한 부인에게 전해주라고 했다고 한다. 그의 마음을 읽을 수 있는 사건이다. 둘 사이에서는 모두 1남 2녀가 태어났다. 큰 딸 순례는 1925년 1월 20일에 출생하였고, 큰 아들 원(元)은 1927년 11월 14일에 출생하였으며, 둘째 딸 덕례는 1935년 11월 5일에 태어났다. 그러나 큰 아들 원(元)은 1년을 채 넘기지 못하고 1928년 6월 19일 병사하고 말았다. 그래서 훗날까지 둘의 슬하에는 딸만 둘이 있는 셈이 되었다.

　이후 선태섭은 1937년 12월 24일 영암군 서호면 금강리 577번지에 사는 정경렬(鄭慶烈)의 누이동생 정성례(鄭成禮)와 혼인하였다. 부인의 본관은 하동이며 1913년 8월 1일생이었다. 첫 번째 결혼과 달리 이번 결혼은 선태섭이 사회운동을 하는 과정에서 만난 정경렬의 주선으로 이루어졌다. 당시 정경렬은 영암 지주 집 아들로 서울에서 서점을 운영하면서 주로 전남 출신의 사회운동 활동가들과 교분을 나누고 있었다. 그는 그 과정에서 선태섭을 알게 되었고, 당시로서는 드물게 여자고등학교까지 나왔던 그의 여동생을 선태섭과 결혼시켰다. 당시 빈곤했던 선태섭의 경제적 사정을 감안하면, 그가 사회운동 영역에서 받았던 평가와 인정 때문에 이 결혼이 가능했던 것으로 보인다.

두 사람 사이에는 아들 셋과 딸 둘이 태어났다. 1938년 3월 11일 아들 진규가 출생하였고, 1940년 3월 5일에는 아들 만규가 태어났으며, 1942년 7월 12일에는 아들 봉규가 출생하였다. 그리고 1944년 1월 28일에는 딸 숙자가 출생하였으며, 해방 이후 1947년에는 딸 혜자가 출생하였다. 특히 혜자가 출생할 무렵은 선태섭의 월북으로 가족들이 온갖 고초를 겪고 있

▲ **선태섭이 가족들과 찍은 사진들**
아래 사진 앞줄에 선태섭과 부인, 딸 혜자가 앉아있다. 뒷줄은 왼쪽부터
큰 아들 진규, 둘째 아들 만규, 딸 숙자, 셋째 아들 봉규이다.

을 때였다. 심지어 선태섭의 부인은 임신을 한 상태에서 우익청년단들에게 밤새도록 구타를 당하기도 했다.

한편 선태섭은 1946년 월북한 이후 북한에서도 가정을 꾸리게 된다. 이는 사실 북한 당국의 방침이기도 했다. 북한 당국은 남한에서 월북한 사람들 중 가정이 없는 사람들에게 결혼하기를 권하고 있었다. 이런 상태에서 선태섭도 1919년생인 이현옥과 결혼하였고, 슬하에 동규(1955년생 추정)와 홍규(1957년생 추정)라는 아들 둘을 두고 있다(인천경찰서, 1957년 선태섭 심문조서). 아들들의 나이로 보아 결혼한 시기는 한국전쟁 이후였던 것으로 보인다.

2. 출생지역의 역사사회학적 맥락

구례는 동쪽으로는 하동, 서쪽으로는 곡성, 북쪽으로는 남원, 남쪽으로는 순천 사이에 위치하고 있다. 사실 구례군은 지리산과 섬진강 사이에 위치하는 지역으로, 지역민들의 삶 역시 이들 자연환경의 영향을 크게 받고 있다. 특히 임야가 전체 면적의 77%를 차지할 정도로 지리산이 구례지역에 미친 영향은 절대적이다. 이러한 영향은 비단 자연적인 환경에 그치지 않는다. 지리산이 전라남도는 물론이고 전라북도와 경상남도 일원에 걸쳐 있으며, 산의 둘레가 약 320km, 면적이 440.5km²에 달할 정도로 광대하고, 산세가 험하기 때문에 주요 정치적 사건이 발생할 때마다 지리산 일원은 그 사건으로 인한 갈등의 현장이 될 수밖에 없었다. 지리적인 조건상 전라도와 경상도는 물론이고 충청도 등지의 평야지대에서 벌어진 정치적 투쟁 및 권력투쟁에서 패배한 사람들이 찾아들 수밖에 없는 곳이 지리산이었던 것이다.

▲ 지리산 전경

이와 관련하여 태조 이성계가 역성혁명을 일으켜 조선왕조를 세울 때 모든 산신들은 응낙했지만 지리산의 여신은 끝까지 거절했다는 구전설화가 전해져오고 있다. 즉 지리산은 사회에 불만이 있는 사람들에게 이상향이거나 피신처였다. 뜻이 있으나 뜻을 펼 수 없는 자, 억울한 누명을 쓴 자, 반역을 꾀하다 도망친 자, 지배권력의 수탈과 억압을 피해 숨어든 자, 살 길이 없어 찾아든 자 등 그 수는 이루 헤아릴 수 없을 정도로 많았다. 지리산은 그 넓은 품 안에 찾아드는 모두를 감싸 안아주었다. 그리고 그들의 불만과 원한과 뜻을 세상 밖으로 토해냈다. 그것은 때로는 반란으로 이어졌고, 때로는 도적떼로 돌변했으며, 때로는 거대한 농민항쟁의 불길로 나타났고, 때로는 이념과 외세의 총칼에 불을 뿜는 분화구가 되었다. 1589년에 일어난 정여립의 모반사건, 1594년 지리산 의적으로 일어나 역사 속으로 사라진 임걸년, 1596년 충청도 서얼 출신 이몽학의 난, 1728년 이인좌의 난 때 연곡사와 쌍계사의 반란세력 집결, 1785년 지리산 칠불암

에서의 반란세력 집결 등은 모두 지리산과 연계된 저항과 반항의 역사였
다(권경안, 2000: 55).

조선이 식민지로 변해가던 1900년 전후에도 그랬다. 갑오농민전쟁 시
기의 구례는 김개남이 주도하는 농민군의 군수물자 비축 장소였다. 또
수많은 농민군들이 운봉지역의 관군이나 구례지역의 유생들이 중심이 된
진압군과 대결하고 있었다. 이 과정에서 수많은 농민군들이 죽었으며, 패
배한 농민군들이나 그 가족들 중 많은 수가 지리산 자락으로 흘러들어왔
다. 한말 의병의 경우에도 마찬가지였다. 지리산 주변은 의병들이 일본군
을 상대로 유격전을 전개하는 장소였으며, 패퇴 후에는 이들 의병들이 산
속으로 숨어들기도 했다. 이러한 지역의 분위기가 선태섭에게 준 영향이
적지 않을 것이다.

▲ 1912년 구례읍성 터의 모습

한말 구례지역의 항일역사에서 가장 중요한 사람이 매천(梅泉) 황현이
다. 그는 원래 광양 서석촌에서 태어났지만, 시관의 농간으로 과거시험에

서 순위가 바뀌자 낙향하여 구례 만수동에 집을 짓고 거주하였다. 이후 모친의 설득으로 1888년 다시 과거에 응시하여 장원으로 급제하였고, 성균관 생원이 되었다. 그러나 곧 다시 구례로 낙향하여 후진 교육에만 전념하였다. 당시 그는 유학만을 고집하는 유학자가 아니었다. 그는 시국의 변화를 따라가기 위해 양계초 등의 글을 읽으면서 세상의 변화에 적응하려고 했고, 1908년에는 광의면 지천리에 신학문을 가르치는 호양학교(壺陽學校)를 세워서 신문명을 전파하려고 했었다. 당시 조선의 비참한 현실이 그러한 문명에서 뒤처진 결과로 생각했기 때문이었다. 그러다가 1910년 일제에 의해 대한제국이 강제 병합되자 그 직후인 음력 8월 7일 자결하였다. 황현의 자결은 구례지역 사람들에게 큰 영향을 미쳤다. 구례 사람들은 일제시대에도 시회(詩會)를 열어 황현을 추모할 정도로 그로부터 정신적인 감화를 받고 있었다. 황현이 살았던 곳은 선태섭이 살았던 마산면 청내리에서 그다지 멀지 않은 곳이다. 선태섭이 훗날 사회운동을 전개하면서 황현의 후손이었던 황위현과 함께 한 것을 보면 그 역시 황현의 영향을 적지 않게 받은 것으로 보인다.

3. 교육환경

선태섭의 집은 매우 가난하였지만, 자식이 국가의 중요한 인재가 되기를 바라는 어머니 덕분에 어려운 살림에도 불구하고 공부를 할 수 있었다. 그는 처음에는 향리 서당에서 공부를 시작했다. 너무 일반적인 이야기일지 모르지만, 선태섭은 매우 총명했던 것으로 보인다. 그 자신도 "나보다 3년 전에 서당에 들어간 동료들을 따라잡고 앞서게 되었다"(인천경찰서, 1957년 선태섭 진술서)고 밝히고 있을 정도였다. 하지만 서당에서 배우는 것만으로는 그의 향학열을 채우기에 부족함이 많았으며, 그는 신학문을 배우려고 하였다. 그래서 그는 먼저 구례보통학교에 진학하려고 했지만, 나이가 많다는 이유로 거절당하였다. 그 후 그는 그의 집 인근에 있는 화엄사에 설립되어 있던 사립 신명학교에서 1년간 공부를 했다. 이것이 선태섭이 받은 최초의 신식교육이었다. 화엄사는, 당시 그의 집이 있던 마산면 청내리에서 매우 가까운 곳이었다.

구례지역에 설립된 최초의 근대적 교육기관은 사립 신명학교였다(전남교육 30년사). 신명학교는 1908년 화엄사와 천은사, 두 절의 합동으로 화엄사의 보제루(普濟樓)에 설립된 근대적인 교육기관이다(1922년 간 속편 구례지지, 학교조 130쪽, 1962년 간 續修 구례지지, 학교조 22).

▲ 화엄사 보제루

신명학교는 4년제 교육기관이었으며, 교장 진진응(陳震應), 학감 류춘파(柳春坡), 강사 정병헌(鄭秉憲), 김영렬(金榮烈,) 강두학(姜斗學), 高橋亨(일본인) 등이 있었다. 이 학교의 설립과정은 아직 알려져 있지 않다. 다

만 이 무렵 전국적으로 실력양성운동이 전개되고 있었다는 사실을 감안
할 때, 구례지역의 인사들이 민족운동의 일환으로 이 학교들을 개설한 것
으로 보인다. 다만 절에 그 학교를 개설한 것은 구례지역에서 이들 절들
이 갖는 영향력 때문이었을 것으로 생각한다. 신명학교는 17년 정도 운영
되다가 일제 당국이 보통학교를 증설하는 1925년경 폐교되었다고 알려져
있다(마산면 냉천리 유태환 구술).

그러다가 보통학교 입학 연령을 한참 넘긴 1921년 선태섭은 구례공립
보통학교(현 구례중앙초등학교) 3학년에 편입시험을 거쳐서 입학하였다.
그러나 선태섭은 이미 한학을 공부한 상태이고, 또 신명학교 등에서 교육
을 받은 상태였다. 더욱이 어머니의 영향으로 사회문제에 대한 지적 욕
구가 매우 높았으며, 교육을 통해 자신이 처한 현실을 알고 싶어 했다.
이러한 이유로 선태섭은 보통학교에서 제공하는 초등교육에 만족할 수가
없었다.

▲ 구례보통학교 사진

그래서 선태섭은 보통학교 재학 중에 이미 와세다(早稻田)대학 통신중학 강의록을 강독 수료하고, 그 다음에는 동 대학 정치경제 강의록을 강독하는 등 통신을 이용한 독학으로 자신의 교육열을 충족시키려 하였다(인천경찰서, 1957년 선태섭 심문조서). 또한 당시 나오기 시작한 출판물들을 탐독하면서 지적인 능력을 키워가고 있었다. 즉 그는 보통학교 학생이었지만, 이미 상당한 수준의 지적 역량을 갖추고 있었던 것이다. 이런 과정을 거치면서 그는 1926년 3월 25일 제16회 졸업생으로 구례보통학교를 졸업하였다.

▲ 졸업생 명부

후술하겠지만, 학교 다니는 동안 이미 다양한 형태의 사회운동을 전개하던 선태섭에게 당시 보통학교의 일본인 교장은 온건하게 행동하면 졸업 즉시 촉탁교원으로 채용하겠다는 약속을 했다고 한다. 물론 이러한 언질은 선태섭을 회유하려는 목적에서 이루어졌겠지만, 선태섭의 실력이 이미 학생들을 가르치는 교원 이상이라는 판단이 있었기 때문에 가능했을 것이다. 즉 보통학교 졸업 무렵의 선태섭은 와세다대학의 정치경제 강의록을 강독, 수료할 정도의 지적 능력을 갖고 있었으며, 이러한 지적 능력이 향후 사회운동과정에서 중요하게 작용하였던 것이다. 이렇게 통신을 이용하여 학구열을 충족시켰던 경험 때문인지, 그가 조선일보 구례지국 기자로 활동하던 1927년 4월 과학사상의 보급을 목적으로 조선일보 구례지국에 라디오를 설치하기도 했다(조선일보 1927. 4. 13 석간1면).

Ⅲ. 선태섭, 사회운동에 투신하다

1. 보통학교 시절의 사회운동

선태섭이 처음으로 사회운동에 뛰어든 것은 보통학교를 다니던 무렵이었다. 보통학교 학생이라고 하지만, 선태섭은 이미 20세 전후의 청년이었다. 또 외할아버지의 영향과 어머니의 가르침으로 인해 민족의식에 눈을 뜨고 있었고, 한학이나 통신강독 등을 통해 지적 능력도 갖춰진 상태였다. 그런 만큼 보통학교 내에서는 나이로 보나 지적 능력으로 보나 확실한 지도자였을 것이다. 이런 선태섭이 최초로 한 일은 학생들을 모아서 흥학단(興學團)[2]이라는 조직을 만든 것이다. 이 조직이 언제 만들어졌는지, 어떠한 목적을 갖고 있는지는 분명치 않다. 선태섭의 보통학교 재학 기간이 1921년부터 1926년까지라는 사실을 감안할 때 이 조직이 만들어진 시기는 대략 1920년대 초반 무렵이었을 것이다. 또 흥학단이라는 명칭

---

2) 이와 관련해 1920년 전후 광주지역에서 청년운동의 산실이었던 회관 이름이 흥학관(興學舘)이었다는 사실을 유념할 필요가 있다. 당시의 정황으로 보아 선태섭이 그 사실을 알고 있었을 가능성이 크며, 그만큼 선태섭은 일찍부터 사회운동의 동향에 관심을 기울이고 있었던 것으로 보인다.

으로 판단할 때 독서회와 같이 현실에 대한 과학적 인식을 공부하는 모임이었을 가능성이 크다.

보통학교 5~6학년 재학 시절 선태섭은 식민지노예교육제도에 반대하는 동맹휴학을 조직하여 실천에 옮겼다. 이 사건은 당시 언론기관들이나 청년단체들의 주목을 받았으며, 이들 기관과 단체들의 직·간접적인 지원을 받기도 했다. 그러나 선태섭 자신은 이 사건으로 인해 무기정학과 퇴학처분을 받았다(인천경찰서, 1957년 선태섭 심문조서; 1957년 선태섭 진술서). 이것이 사회운동과 관련하여 선태섭이 받았던 최초의 처벌이었다. 하지만 선태섭의 퇴학은 학부형 측과 지방유지, 언론기관, 청년단체 등의 집단적인 항의를 불러일으킨 계기가 되었다. 결국 학교 및 행정당국은 항의에 굴복할 수밖에 없었고, 선태섭의 복교가 이루어지게 되었다.

이러한 행동 역시 흥학단이 단순히 공부하는 모임만은 아니었다는 사실을 증명하고 있다. 이 무렵 선태섭은 한글과 일본어로 된 사회주의 팜플릿 등을 탐독하고, 1917년에 있었던 러시아 10월 혁명의 영향을 크게 받았다고 스스로 술회하고 있다. 즉 "10월 혁명으로 인하여 제정 러시아의 짜르 체제 하에서 고통 받던 약소민족들과 근로인민들이 해방을 얻게 되었다"는데 대하여 감명 받았다는 것이다. 이로 인해 선태섭은 스스로 정의와 진리, 새로운 것을 추구하는 길을 알게 되었다고 생각하였으며, 우리 민족의 자유와 해방을 위한 독립투쟁에서도 희망을 발견하게 되었다고 술회하고 있다. 그리고 동일한 선상에서 그는 국내·외에서 지속적인 투쟁을 전개하고 있는 애국투사들에 대한 존경의 뜻을 표현하고 있으며, 3·1운동 후 전국 각지에서 일어나는 청년·여성·노동자·농민단체들이 민족 해방을 위한 사회운동이라고 파악하고 있는 것이다(인천경찰서, 1957년 선태섭 심문조서).

한편 1920년대의 선태섭은 학교 울타리를 넘어 다양한 영역에서 자신
이 할 수 있는 민족운동의 형태를 모색하고 있었다. 우선 자신이 살고 있
던 동리에서는 자기 경비를 들여가면서 수년간 농민야학을 진행하고 있
었다. 이를 통해 당시 조직화가 시작되고 있던 구례지역의 농민운동과도
관계를 맺었던 것으로 보인다. 다른 한편 구례면 소재지에 설치되어있던
조선일보 지국과 구례청년당에 자주 출입하면서 새롭게 세력화하고 있던
사회주의 활동가 그룹과 관계를 맺기 시작하였다. 당시 조선일보 구례지
국 및 구례청년당의 중심인물은 정태중이었다. 그는 이미 서울지역에서
국내 사회주의 중심세력 중의 하나인 서울청년회에 가담하여 활동한 경
력이 있는 인물이었다. 선태섭은 정태중을 통해 사회주의 활동가들을 접
하게 된 것으로 보인다. 정태중에 대해서는 후술하겠다.

2. 신문기자 생활과 활동가들과의 만남

보통학교를 졸업한 무렵의 선태섭은 자신의 장래와 관련하여 큰 고민
을 하고 있었던 것으로 보인다. 그것은 무엇보다도 빈궁했던 집안의 경
제적 사정에 기인한 것이었다. 공부하는 것을 좋아하는 성품 때문에 상
급학교에 진학하고 싶은 욕심도 컸지만, 그것은 엄두도 낼 수 없었다. 민
족해방투쟁에 동참하고 싶지만, 그 길을 가는 것 역시 경제적 사정 때문
에 쉽지 않았다. 집에는 홀로 된 어머니와 동생이 있었고, 또 이미 결혼
한 상태였기 때문에 가정도 돌봐야 했다. 이런 상태에서 그는 생계도 해
결하고, 지적인 욕구도 충족시키면서, 민족운동에 투신할 수 있는 유일한
길을 찾아냈다. 그것은 신문기자가 되는 것이었다.

그는 이미 보통학교 재학 중이던 시절부터 당시 구례지역 사회운동의

활동가들이 모여들던 조선일보 구례지국을 자주 출입하고 있었다. 당시 각 지역의 신문지국들은 기자들을 고용하고 있었는데, 이들 기자들은 대부분 상당한 정도의 근대적인 지식을 갖고 있었으며, 그중 많은 사람들이 사회운동 활동가이기도 했다. 또 기자대회라는 이름 아래 자기들끼리 네트워을 갖추고 있었으며, 동일한 경로를 이용하여 각종 사회운동에 종사하고 있었다. 구례지역도 이미 1920년대 초반부터 그러한 네트워에 포함되어 있었는데, 이러한 사실은 1923년 12월 11일에 구례에서 개최된 전남 동부 기자대회 관련 기사에서 확인할 수 있다(조선일보 1923. 12. 26 석간 4면). 당시 참석자의 면면을 보면 전남 동부지역의 주요 활동가들이 망라되어 있는데, 참석자 명단은 아래와 같다.

> 구례 조찬영, 박승하(조선일보),
> 순천 이영민, 이창수, 김영숙(동아일보), 김기수, 조광현, 김봉수, 유계회(조
>   선일보)
> 전남 박병두(조선일보)

선태섭은 보통학교를 졸업하기 전에 이미 조선일보 구례지국을 출입하고 있었으며, 기자가 되기도 전에 기자대회에 참석하고 있었다. 즉 선태섭 자신이 훗날 1925년 경남 하동 쌍계사에서 개최된 영남·호남기자대회에 참석하였다고 말하고 있는 것이다(인천경찰서, 1957년 선태섭 심문조서). 이날 참석자들의 면면을 알 수 있는 방법은 없지만, 앞에서 언급한 사람들을 포함하여 영남과 호남에서 활동 중인 기자들이 상당수 참석했을 것이라는 사실은 충분히 짐작할 수 있다. 특히 선태섭이 이날 모임에서 선진 인사들 및 조선해방투쟁의 선구자들과 접촉되었다고 평가할 정도로 이들 지역의 주요 활동가들이 참석했다는 것을 알 수 있다. 이러한

과정을 거쳐서 그는 1926년 4월부터 조선일보 구례지국 기자로 일하기 시작하였는데. 그 후 그는 조선일보 구례지국 기자로 3년간, 지국장으로 7년간 활동하게 된다. 물론 신문기자는 생업수단 겸 활동의 방편이었으며, 기자생활과 함께 그는 민족해방투쟁에 전면적으로 투신하게 되었다.

3. 수의위친계(壽衣爲親契 혹은 守義爲親契) 활동

선태섭이 사회운동에 투신하는 것과 관련하여 또 하나의 경로가 수의위친계이다. 보통 수의위친계(壽衣爲親契)는 부모님 상을 당했을 경우 서로 도와주는 것을 목적으로 만들어진 우리나라의 전통적인 상호부조 조직이다. 그런데 수의라는 단어의 한자를 수의(守義)로 바꾸면 의를 지키는 것을 목적으로 하는 네트웍으로 조직의 성격이 바뀌게 된다. 1920년대를 전후한 시기에 전남에는 수의위친계라는 명칭의, 전남의 각 군 지역을 망라하는 수준의 활동가 네트웍이 존재하고 있었는데, 선태섭 역시 그 네트웍의 구성원이라고 알려져 있다.

수의위친계가 언제 결성되었는지는 분명치 않다. 최초 알려지기로는 1914년 무렵에 만들어졌다고 했지만, 박찬승의 연구에 따르면 1922년에 만들어졌다고 한다. 박찬승은 이에 대해 소안도 항일운동의 유일한 증언자인 이월송의 기록노트(10여 년 전에 사망한 수의위친계원 최병우의 증언을 기록해 둔 것)를 통해 확인하였으며, 1914년에 조직되었다면 대부분의 참여자들이 지나치게 어리다는 것을 근거로 제시하고 있다(박찬승, 1993). 이렇게 볼 때, 수의위친계는 1922년에 만들어진 것이 거의 확실해 보인다.

이 조직의 중심지역은 완도군 소안도였다. 현재 수의위친계를 조직한 것으로 알려져 있는 송내호가 소안도 출신인데다가, 참여자 중 소안도의 비중이 매우 높은 것 역시 그러한 사실을 반영하고 있다. 하지만 수의위 친계에는 소안도 외의 전남지역을 중심으로 활동한 사회운동가들이 다수 포함되어 있다. 이러한 사실로 판단할 때, 수의위친계는 원래 소안도 내의 활동가들이 위친계 형식으로 조직했던 것이 시간이 지나고, 소안도 출신 활동가들의 활동 폭이 커지면서 조직의 확대가 일어난 것으로 추정할 수 있다. 그러한 조직 확대가 가능했던 가장 큰 요인은 송내호의 특이한 이력 때문인 것으로 판단된다.

송내호는 1895년 완도군 소안도에서 태어나서 그곳에서 공립보통학교를 졸업했지만, 당시 이미 개화된 생각을 갖고 있던 부모덕에 서울로 유학을 가서 중앙학교를 졸업하였다. 이런 경력 때문에 송내호는 서울지역의 사회운동 진영과 밀접한 관계를 갖고 있었는데, 후일 이들 사이의 네트웍은 서울청년회로 구체화되었다. 즉 송내호는 초기 전남지역의 활동가들이 서울청년회라는 사회운동 조직을 통해 서울지역의 사상적 변화와 조직적 흐름을 알 수 있는 중요한 통로였던 것이다. 또 송내호는 1926년 이후 좌우합작운동을 주도하기 시작하였는데, 결국 그러한 활동은 신간회 조직이라는 결실로 나타나게 되었다. 그리고 신간회가 조직된 후에는 그가 신간회 중앙 상무간사의 직책을 맡는 등 중추적인 역할을 담당하였는데(안종철 외, 1995: 11-15), 그 과정에서 전남지역의 신간회 조직에 큰 역할을 담당하였을 것으로 보인다.

한편 송내호는 서울지역에서 주요 사회운동가로 활동하기 전에는 완도지역에서 나름대로 사회운동을 전개하고 있었다. 즉 서울중앙학교 졸업 후 완도로 돌아와서 배달청년회 조직 등 여러 활동을 하고 있던 송내호는 3·1운동이 일어나자 완도에서 이에 호응하는 활동을 준비하였다. 그리고 3월 15일 만세시위를 조직하였고, 이로 인해 1년 반의 감옥생활을 하였다. 아마도 이때의 경험이 전남 각 지역의 활동가들과 알게 된 경위였을 것으로 보인다. 1910년대 전남지역의 사회운동이 소작관행 등 현실에서 부딪히는 여러 가지 불만사항들을 자연발생적으로 표출했던 것이라면, 3·1운동 이후에는 3·1운동을 통해서, 혹은 그에 대한 반성을 통해서 몇몇 활동가들이 운동의 중심으로 등장하게 되었다. 송내호의 수형생활은 이들 활동가들과 연결될 수 있는 계기로 작용하였던 것이다. 그리고 이러한 경험이 수의위친계의 조직 확대로 나타났다. 현재 수의위친계 구성원의 전모는 알 수 없지만, 그 대략은 다음 표와 같다.

〈표 3-1〉 확인 가능한 수의위친계 구성원들

지역	이 름
완도	완도읍: 나봉균, 김병규, 신지면: 임재갑, 고금도: 이홍쇄 묘도: 장한준, 금일면: 서중현, 소안면: 송내호, 정남국, 신준희, 강사원, 최평산, 최형천, 이남두, 송기호, 최병우, 신길조, 김응섭, 김득운, 박사욱, 이갑준, 백형섭, 고오길, 김양숙, 최익재
광주	강석봉, 한길상, 전도
담양	정병용
구례	김정상, 선태섭
영광	김은환, 박정순
무안	장병준, 송기화, 김경섭
영암	조극환
나주	이항발
장성	김시중, 김인수
목포	조문환, 김철진, 설준석

* 이균영, 『신간회연구』, 한양대학교 대학원 박사학위논문, 1990

수의위친계의 구성원들은 대다수 전남지역의 각 군 단위에서 지도적인 사회활동가로 부상하던 인물들이었다. 당시 전국적 수준에서 진행되던 분파대립의 측면에서 보면, 이들 대부분은 서울청년회 계열로 분류되는

인물들이었다. 이들은 대부분 사회주의사상을 받아들이기 전부터 민족해
방운동에 투신하였거나 관심을 갖고 있는 인사들이었다. 달리 말하면 이
들은 열렬한 민족주의자에서 사회주의자로 세계관을 바꾼 사람들이었지
만, 사실 이들의 사회주의는 민족운동의 한 방편이었다고 할 수 있다. 선
태섭이 어떻게 해서 수의위친계의 구성원이 되었는지 현재로서는 알 수
가 없다. 다만 소안도에 남아있는 자료에 구례지역의 구성원으로 선태섭
과 김정상이라는 이름이 있을 뿐이다.

4. 1920년대 구례지역의 사회운동과 선태섭

선태섭이 사회운동을 시작하던 1920년대는 일제에 저항하는 본격적인
사회운동이 태동하던 시기였다. 우선 1910년대에 터져 나온 식민지배에
대한 다양한 형태의 저항들이 나름대로 자기반성을 거치면서 조직화되기
시작한 무렵이었다. 또 3·1운동의 실패에 대한 반성과 소비에트혁명의
영향으로 사회변혁에 대한 과학적인 사상들이 들어오기 시작하면서 노동
자, 농민을 중심으로 한 민중들의 목적의식적인 조직들이 만들어지기 시
작하고 있었다. 그리고 이러한 흐름은 구례지역에서도 발견되고 있다. 선
태섭의 사회운동도 이러한 흐름과 무관하지 않을 것이기 때문에 여기서
는 먼저 1920년대 전남 및 구례지역의 농민운동과 청년운동을 살펴본 다
음, 그 운동들과 선태섭의 관계에 대해 부연하도록 하겠다.

(1) 농민운동
1920년대 전반기의 구례지역은 소작인을 중심으로 한 농민운동이 광범
위한 지역에서 출현하고 있었다. 즉 송병준이 스스로 회장이 되어 조직

한 조선소작인상조회가 이미 1922년 8월에 53명의 회원을 두고 결성된 상태였다. 그러나 이 조직은 사회운동과의 관련성이 매우 약한 것으로 판단된다. 한편 이와는 성격이 다른 농민상조회가 1923년 말에 이미 구례군 8개 면 중 6개 면에 조직되어 있었다. 이중 진정한 의미의 농민운동 조직은 농민상조회라 할 수 있는데, 이들 단체의 조직과정에서 인근 4개 군(보성, 여수, 광양, 순천)의 농민대표로 구성된 남선농민연맹회가 주도 적인 역할을 담당하였다(김점숙, 1993: 35). 이는 다음과 같은 신문기사에 서도 확인된다.

> "전남 구례군 광의면에서는 去 15일에 該면 연파리 면사무소 내에서 농민상 조회 창립총회를 개최하였는데 임시의장 황위현씨의 개회로 남선농민회 연맹 회 위원 김기수씨의 「농민아 일어나거라」라는 문제로 동 위원 이영민씨의 「시 대가 왔다」라는 문제로 열렬한 강연이 있었으며, 該면장 김원식씨의 감상담이 있은 후에 규칙을 통과하였으며 결의사항은 일반 준례에 의행하기로 하고 임 원을 선거하였는데---"(조선일보 1923. 12. 21. 석간 4면).

이때 강연을 한 김기수와 이영민은 모두 순천지역을 중심으로 활동하 던 신문기자이면서 동시에 사회운동에 종사하던 활동가들이었다. 나아가 이들은 모두 후일 이 지역의 조선공산당 창립에서도 주도적인 역할을 담 당한 사람들이다. 이들이 창립총회에서 강연을 담당했다는 것은 이들 농 민운동 조직이 순천지역의 사회운동과 연결되었다는 것을 의미한다. 또 임시의장을 맡은 황위현은 매천 황현의 둘째 아들로 후일 선태섭 등이 신간회를 조직하면서 위원장으로 추대한 인물이다. 즉 구례지역에서도 1923년경에는 사회운동세력들이 주도하는 농민운동단체들이 조직되기 시작한 것이다. 그리고 1924년경부터는 이들 조직들이 타 지역과 연대하여 다양한 형태의 운동조직들을 구성하기 시작하였다. 우선 1924년 1월 7일에 진주에서는 각 지역의 활동가들이 모여서 남조선노농동맹 조직을 결의하고 발기총회를 개최하였는데, 구례지역에서도 구례 간문면 농민상조회, 마산면 농민상조회, 광의면 농민상조회가 여기에 참여하고 있다(이기하, 1976: 363).

한편 당시 사회운동 진영의 복잡한 구도를 반영하듯 남조선노농동맹과는 다른 형태의 연대조직이 같은 시기에 만들어지고 있다. 즉 1924년에 농민운동 단체들이 중심이 되어 전라노농연맹 창립대회를 개최한 것이다. 전라노농연맹은 농민단체 조직의 원칙을 "면을 단위로 해서 조직하고 군 연합을 기할 것"(조선총독부 경무국, 1924: 5~23; 이재화·한홍구 편, 『한국민족해방운동사자료총서』 2, 경원문화사)이라고 하였는데, 구례지역의 경우 면 단위를 중심으로 농민상조회나 소작인회 등이 조직되고 있는 것으로 보아 이러한 조직원칙에 충실하였던 것으로 평가할 수 있다. 특히 구례지역은 당시 주된 경향이었던 노농 연합조직이 아니라 면 단위 조직은 물론이고 군 단위 조직의 경우에도, 구례농민연합회라는 명칭에서 알 수 있듯이, 농민운동 조직만으로 군 단위 연합체가 결성되었다. 즉 구례에서는 1924년에 구례농민연합회가 조직되었는데, 이것은 1923년경 일제히 조직된 면 단위 소작인상조회와 1924년 5월 조직된 산동 농민상조회를 바탕으로 조직된 것이었다(조선일보, 1924. 5. 13 ; 5. 27; 6. 12).

이들 구례지역의 농민운동 단체들은 1924년 4월 서울에서 결성된 조선노농총동맹에도 참여하였다. 조선노농총동맹은 사회주의계열의 노농운동단체로 1924년 4월 17일 조선노동연맹회·남선노농동맹·전조선노농대회의 대표 200여 명이 모여 발기회를 갖고 4월 18일 167개 단체 204명 대표가 모인 가운데 창립총회를 가졌다. 당시 노동운동단체와 농민운동

단체를 거의 포괄하여 그 회원수가 5만 3,000명에 달했던 조선노농총동맹은 창립 직후 일제의 집회금지로 인해 합법적인 활동조차 진행할 수 없었다. 하지만 1920년대 전반기 사회주의 계열의 노동운동 및 농민운동 조직들이 망라된 연합체라는 점에서 커다란 의미를 갖는다. 당시 조선노농총동맹에 참여한 구례지역의 단체 및 활동가들은 다음 〈표 3-2〉, 〈표 3-3〉과 같다.

〈표 3-2〉 조선노농총동맹 창립 시 참가한 구례지역의 농민단체들

단체명	기존참가단체	대표자 씨명
구례 ○○면 농민상조회	전라노농연맹회	유○극, 조찬영
구례 ○○면 농민상조회	전라노농연맹회	김택근
구례 광의면 농민상조회	전라노농연맹회, 남선노농동맹회	정해덕
구례 마산면 농민상조회	전라노농연맹회, 남선노농동맹회	김판
구례 간문면 농민상조회	남선노농동맹회, 전라노농연맹회	김택근
구례 용방면 농민상조회	전라노농연맹회, 남선노농동맹회	이병호
구례 토지면 농민상조회	남선노농동맹회	유승환

* 명칭이 불분명한 지역은 자료의 명칭이 실제로 존재하지 않는 경우임. 참고로 조찬영은 광의면 출신이며, 김택근은 문척면 출신임.
* 한편 간문면은 일제시대 현재의 간전면과 문척면이 통합되어 있던 행정구역임.

〈표 3-3〉 조선노농총동맹 창립대회 참가자 중 구례지역 인물들

이름	신상 및 활동경력	사회주의 관련
조찬영	구례면 농민상조회(24), 구례 노동회(26), 신간회 구례지회 선전조직부 간사(27)	발견할 수 없음
김택근	구례 농민상조회 회장(23), 구례군 양지면 농민상조회(23) 구례군 농민연합회 회장(24), 구례군 토지면 농민상조회 회장(24),	上同
유승환	구례 노동회 위원(26)	上同

　이들 농민운동 단체들은 어떠한 활동을 전개했을까? 당시의 신문기사들을 보면 구례지역에서 지주와 소작인 사이에 분규가 잦았다는 것을 알 수 있다. 당시 구례지역의 소작인들에게 무엇이 쟁점이었는가는 마산면의 농민총회에서 결의된 사항을 보면 알 수 있다. 조선일보 12월 21일자(석간 4면)을 보면 1923년 12월 14일에 개최된 농민총회에서는 다음과 같은 사항들이 결의되었다고 한다.

　　一, 지세공과금은 소작인이 부담치 말자
　　一, 소작료 운반은 십리 이내로 할 것
　　一, 제원(堤堰) 방축비 1원 이상은 소작인이 부담치 말 것
　　一, 분회에서 인증할 만한 과실이 아니면 소작권 이동에 불응할 것
　　一, 소작료는 정제(精製)하며 농사 개량에 주의할 것

　결의사항에서 제기하는 문제는 지세공과금 등 농사 경비의 부담 문제, 소작료 운반 문제, 소작권 이동문제였다. 이들 문제들이 당시 농민들에게 가장 고통을 주는 문제들이며, 이에 관한 합리적인 관행이 아직 정착하지 못했다는 것이다. 그런데 이러한 결의사항은 단순한 주장을 넘어서는 의미를 갖는다. 농민들의 요구가 조직적인 결의사항으로 나타났다는 것은 당시의 소작관행에 대한 농민들의 불만이 매우 팽배해 있었다는 것을 의미하는 것이며, 그에 관한 다양한 형태의 갈등들이 수 없이 발생했다는 것을 보여주는 것이다. 실제 당시 농촌에서는 농민운동 형태의 조직적인 요구가 나오기 전에 이미 다양한 형태의 갈등들이 표출되고 있었다. 예를 들면 구례지역에서도 1924년 1월부터 12월까지 소작쟁의에 수반된 범죄가 발생하고 있었는데, 그 검거 건수 및 인원은 다음과 같다(조선총독부 관방문서과, 『조선의 군중』, 1926, 48쪽).

주거침해 1건에 검거인원 10명

업무방해 및 협박 6건에 검거인원 12명

즉 1년 동안에 총 22명에 달하는 사람들이 소작관행과 관련된 갈등 때문에 사법적 통제를 당했던 것이다. 이는 사법적 통제까지 가지 않은 갈등이 훨씬 많았을 것이라는 사실을 감안하면, 당시 농촌에서 이러한 갈등의 표출이 일반적으로 발견되는 현상이었다는 것을 알 수 있다. 당시의 소작쟁의 관련 범죄유형 중 압도적으로 다수를 차지하는 것이 업무방해였다. 이때 업무방해로 검거되는 경우는 소작인들이 지주의 소작권 박탈에 반대하여 공동이앙이나 소작료 강제 차압 저지 등의 행동을 보일 경우 적용되는 것이다. 그리고 그 과정에서 지주의 집에 들어가서 강하게 항의하면 주거침해로 되고, 말싸움이 심해지면 협박으로 되는 것이다.

이 과정에서 당시 18세였던 선태섭의 이름을 찾는 것은 불가능하다. 그러나 선태섭이 이 시기 이미 자기 동리에서 농민들을 대상으로 야학을 실시하고 있었다는 사실을 상기할 때, 그리고 향후 구례지역의 대표로 타지역과의 연대에 나서고 있는 그의 활동과 연관지어볼 때, 그가 이들 농민운동에 어떤 식으로든 관련되어 있다고 추정할 수 있다. 특히 당시 그가 살고 있던 마산면은 소작인운동의 중심지였는데, 수많은 사람들이 당시 농민운동의 중심인물이 선태섭이라는 증언을 하고 있다. 이러한 사실은 구례군 마산면 수리조합 관련 신문기사(조선일보 1927. 6. 21, 2면)의 기록을 통해 알 수 있다.

지난 십오일 하오 세 시에 마산수리조합 이해관계자 대회 위원회를 개최하고 좌기사항을 결의하였다더라

一. 운동위원: 선태섭, 박중한, 한신교, 이동근, 김한두, 한준교, 최오천, 김남
　오, 임중렬
一. 소송집행 위원에 관한 건
　대표자로 정한면 외 이백여 인으로 하고 준비위원으로 김준, 정병헌 양
　씨를 경성에 파송 감정케 할 것
一. 경비에 관한 건
　사구(四區)에 분하여 매구에서 오십원식의 여비를 부담할 것

　당시 구례군 마산면 수리조합에서는 주민들을 속여서 총 공사비 22만
원을 주민들이 갚는다는 동의서에 날인을 하게 하였는데, 속은 것을 알게
된 주민들이 날인 취소 운동을 전개하면서 위와 같은 일이 있었던 것이
다. 이 무렵 선태섭은 이미 청년운동 영역에서 중요한 활동가였을 뿐만
아니라 조선일보 구례지국에서 기자로 활동하고 있었는데, 위의 자료로
판단해보면 동리의 일에도 적극 개입하고 있었던 것으로 볼 수 있다. 이
와 같이 농민들이 이해관계와 관련된 일이 벌어질 때마다 선태섭은 여러
가지 형태로 그 운동에 참여하면서 농민들의 이익을 위해 활동하고 있었
다. 위의 사건과 관련된 신문기사는 이후에도 계속해서 게재되고 있다.

(2) 청년운동
　1920년대의 선태섭이 가장 활발하게 활동한 영역은 청년운동이었다.
연령으로 보나, 학생이라는 사회적 위치로 보나, 또 와세다대학의 통신강
의를 강독하면서 얻은 지적 능력으로 보나 청년운동이 그에게는 적합한
영역이었다. 보통학교 졸업 후 생계수단으로 했던 조선일보 기자라는 직
위도 청년운동을 할 수 있는 발판이었다. 1920년대 중반기 사회주의 활동
가들은 많은 수가 신문사 기자를 하고 있었다. 조선공산당을 대표하는

활동가들이었던 박헌영이나 홍명희 등이 대표적인 사람들일 것이다. 전
남지역에서도 초기 활동가들 중 많은 사람들이 기자로 활동하고 있었다.
순천의 이영민, 김기수, 박병두 등이 대표적인 인물들이다. 선태섭 역시
이러한 활동가들의 영향을 받아서 신문기자에 투신하였고, 그 위치를 바
탕으로 청년운동에 뛰어들고 있었다.

구례지역에서 발견되는 최초의 청년운동 조직은 구례청년회였다. 구례
청년회가 결성된 것은 1919년으로 전국적인 수준에서 보더라도 매우 빨
랐다(선우기성, 1973: 359). 하지만 당시 청년회의 성격에 대해서는 현재
까지 구체적으로 알려진 바가 없다. 다만 1924년 8월 3일 임시총회에서
선출된 임원 명단[3]으로 볼 때 구례지역의 유지급 인사들이 서로 친목을
도모하는 정도의 단체였다고 판단된다. 그 명단 중 후일 사회운동계에서
이름을 발견할 수 있는 자가 없기 때문이다.

한편 이름은 동일하지만 전혀 다른 성격의 구례청년회가 적어도 1920년
대 중반 무렵에는 조직되어 있었다는 것을 보여주는 자료가 있다. 그것
은 1925년 전남청년회연합회 제3회 집행위원회(선우기성, 앞의 책: 344)
관련 부분인데, 이날 집행위원회에는 선태섭이 구례청년회를 대표해서
참여한 것으로 되어 있다. 이를 통해 확인할 수 있는 것은 1925년 당시
이미 구례청년회가 결성되어 있었으며, 선태섭은 그 조직을 대표할 수 있
는 위치에 있었다는 사실이다. 구례청년회의 결성과정에 대해서는 별다
른 자료를 발견할 수 없지만, 이 단체가 대외적으로 서울청년회와 관련을
맺고 활동을 한 흔적은 발견할 수가 있다. 즉 1925년 4월 5일 서울청년회
계가 화요회계의 '조선민중운동자대회' 개최에 맞서 소집한 '조선민중운

---

3) 당시 선출된 임원진은 회장: 고광우, 서무부장 고재연, 재정부장 임찬호, (智)김명,
  체육부장 김태학, (矯)이병묵, 산업부장 안병진 등이다(선우기성, 1973: 344).

동자대회 반대단체 전국연합위원회'에 그 이름이 들어있는 것이다(동아일보 1925. 4. 9). 이렇게 볼 때 구례청년회는 적어도 1925년 이전에 결성되어 활동을 개시한 서울청년회 계열의 단체로 볼 수 있으며, 선태섭은 그 조직의 핵심인물(자료를 통해 이름이 드러난 유일한 인물) 중 한 명으로 파악된다.

그런데 1925년 이후 구례지역 청년단체로 사회운동의 중심에 있던 조직은 구례청년당이었다. 구례청년당은 서울지역의 사회주의 활동가 조직인 서울청년회에서 핵심적으로 활동하다가 구례로 귀향한 정태중이 만든 조직이었다. 이 조직과 앞서 언급한 구례청년회의 관계에 대해서는 알려진 바가 없지만, 선태섭이 양 조직 모두와 관련되어 있는 것으로 보아 구례청년당이 구례청년회를 흡수해서 만들어진 것으로 볼 수 있다. 다만, 최초 구례청년당 발기인 명단[4]에 선태섭이 없는 것으로 보아 그러한 관계는 보다 뒤에 이루어진 것으로 보인다. 구례청년당이 만들어진 시기에 대해서는 자료에 따라 다르게 서술되어 있다. 이기하의 『한국공산주의운동사』에서는 구례청년당이 1925년 9월 6일에 만들어졌다고 되어 있는데, 선우기성의 『한국청년운동사』에서는 이와 달리 1926년 2월 27에 조직되었다고 적고 있다(이기하, 1976: 344; 선우기성, 1973: 359). 그렇지만 동아일보 1925년 9월 7일자 신문 4면에 구례청년당 창립대회가 6일에 개최된다는 기사가 있는 것으로 보아 이기하의 서술이 맞는 것으로 보인다.

조직 구성도 위원장이 정태중이라는 사실만 동일하고, 다른 부분에 대해서는 두 자료가 다르게 적고 있다. 먼저 이기하의 『한국공산주의운동사』를 보면, 구례청년당의 위원장은 정태중이며, 상무위원으로 서무부 정

---

4) 발기인 명단은 김창, 이성학, 김은성, 정철수, 정태중 5인으로 되어 있다(동아일보 1925. 9. 7, 4면)

태중, 양봉래, 교양부에 고정흠, 사회부 박태인, 노동부 이성학 등이었다
고 한다. 반면 선우기성의 『한국청년운동사』에서는 위원장 정태중, 서무
부장 김창룡, 교육부장 강대인, 사회부장 박태인, 노동부장 황삼봉 등으
로 적고 있다. 어느 쪽이 맞는지는 분명치 않지만, 당시의 조직이 비교적
은밀하게 이루어졌다는 점을 감안할 때 두 자료 모두 진실의 일단을 담
고 있다고 볼 수 있다. 구례청년당의 주요 활동 목표는 첫째, 노동운동,
여성해방운동, 형평운동 등의 적극적 후원, 둘째, 조선청년총동맹 즉시
가입, 셋째, 각 면 청년단체 연합, 넷째, 전남 동부청년연맹 가입 등이었
다. 당시 구례청년당 당사는 임시로 조선일보 전남지국 내에 설치하였다.

1920년대 중반 무렵 선태섭에게 가장 큰 영향을 미친 사람이 정태중이
었던 것으로 보인다. 정태중은 1923년경 서울청년회의 핵심 활동가였다.
자료로 확인되는 바에 따르면, 그는 1923년경 제9회 국제청년데이 참가를
둘러싸고 전개된 서울계 인사들의 활동과정에서 처음 등장하고 있다. 당
시 서울청년회는 국제청년데이 기념강연 및 선전행렬 등의 준비를 하면
서 수 만장의 선전 삐라를 인쇄하여 살포할 것을 계획하고 동시에 각 지
방 5, 6백 곳의 청년단체와 소작인 상조회에 축하서신을 등사 발송하려
하였다. 그러나 이를 사전에 알게 된 경찰당국이 1923년 9월 1일 서울청
년회를 급습하여 이영 등 간부 이하 13명을 검거하였는데, 정태중도 그
자리에서 검거되었다. 당시 정태중 외 9명은 2주 후 석방되었으며, 이영
등 4명은 벌금형이 부과되었다(이기하, 1974: 407).

그러나 그가 구례청년당을 결성할 당시에는 사회주의세력의 파벌 싸
움5)에서 어느 정도 벗어나 있었던 것으로 보인다. 이는 무엇보다도 화요

---

5) 이 무렵 사회주의 활동가들은 서울청년회계와 화요파, 북성파 등으로 나뉘어져서 운
　 동노선 및 사회주의운동 내의 주도권 등을 둘러싸고 서로 갈등을 일으키고 있었다.

계가 주도한 2차 조선공산당의 조직과정에서 그가 구례지역의 야체이카였다는 사실에 근거한 것이다. 선태섭이 정태중에게 어느 정도의 영향을 받았는지는 분명치 않다. 또 구례청년당의 간부 명단에도 선태섭의 이름이 보이지 않는다. 다만 선태섭 자신이 조선일보 구례지국과 구례청년당을 자주 출입했다고 한 후일의 증언(인천경찰서, 1957년 선태섭 심문조서)과 선태섭이 보통학교 졸업 후 조선일보 구례지국에서 기자로 일하고, 또 3년 뒤에는 정태중의 뒤를 이어 조선일보 구례지국장이 되었다는 사실에서 둘 사이의 관계가 매우 깊었다는 것을 추정할 수 있다.

이 무렵 청년운동은 주로 지역 단위의 연합체를 구성하는데 주력하고 있었다. 이러한 연합형태의 조직으로 전남지역에서는 1925년 초에 만들어진 전남청년대회가 있다. 이와 관련한 동아일보 기사에 따르면, 1925년 2월 22일 목포 남원여관에서 완도청년회, 암태청년회, 자은청년회, 비금청년회, 도초청년회, 지도청년회, 임자청년회, 해제청년회, 배달청년회, 나주청년회, 담양청년회, 광주청년회, 목포무산청년회, 전남청년회연합회가 참가하여 전남청년대회를 발기하였다. 이때 준비위원으로 선출된 사람은 강석봉, 전도, 최남구, 양장식, 박흥곤, 신만희, 정병용, 정경인, 나만성, 조극환 등 서울청년회 계열이었다(동아일보 1925. 2. 26). 참여단체들의 면면에서 알 수 있듯이 전남청년대회는 광주와 목포를 중심으로 하는 전남 중·서부지역의 청년단체들이 결합한 것이었다.

한편 1926년에는 전남 동부지역의 청년단체들도 연합체를 결성하고 있다. 1926년 9월 11일 순천에서 동부청년연맹이 결성된 것이다. 참가단체를 파견한 지역은 순천, 광양, 보성, 벌교, 순노, 광양, 동강, 쌍암(승주), 광양(단), 구례(당), 육영(광양), 진명(광양), 속초(순천), 서면(순천), 태화(광양) 등 군 단위는 물론이고, 면 단위에서도 대표를 파견하였다. 이날 대회에서 집행위원으로 선출된 사람은 강기성, 박영진, 한태선, 정순화, 정순제, 박평준, 이용근, 정태중, 김종두 등이다(선우기성, 1973: 345). 구례지역과 관련해서는 구례청년당과 정태중이 눈에 띤다.

여기서 한 가지 주목할 부분이 있다. 위에서 언급한 동부6군 청년연맹의 발기단체들이 전남의 남동부 지방에 위치한 데 반해, 전남청년대회 발기단체들은 모두 전남의 남서부 또는 북부지방에 위치하고 있다. 그런데 이러한 분포는 그대로 전남지역에서 2차 조선공산당(이하 조공) 및 서울청년회 계열의 세력 분포와 일치하는 것이었다. 다시 말하면 동부6군 청년연맹은 제2차 조공의 분포와 일치하는 반면, 전남청년대회의 참여단체들은 주로 서울청년회 계열의 활동가들이 있던 지역과 일치하는 것이다. 물론 이를 단순히 지역별 대립구도로 보는 것은 타당치 않을 것이다. 구례는 양쪽 모두에 대표를 파견하고 있기 때문이다. 이러한 현상을 어떻게 볼 것인가는 분명치 않다. 현재 상태에서 내릴 수 있는 결론은 구례지역은 조선 사회주의운동 진영의 파벌싸움에 그다지 영향을 받지 않았다는 것이다. 즉 파벌싸움과 큰 관련 없이 지역 내의 사회운동 역량이 청년운동 조직에 집결한 것으로 볼 수도 있고, 민족운동이라는 틀에서 그러한 대립을 넘어서는 활동 역량을 보여준 것으로 볼 수도 있다.

실제로 전남지역에서는 이 무렵부터 이들 대립하던 청년단체들의 방향전환이 나타나고 있다. 즉 1925~1926년을 지나면서 전남지역의 청년운동 단체들은 서울청년회 계열이 주도하던 군 단위 연맹체 결성을 받아들여 조직 형태를 변경하고 있는 것이다. 이는 당시 사회운동의 주된 흐름이었던 '일 지방 일 연합주의(一地方 一聯合主義)'에 입각한 것이었다. 구례지역의 경우에도 1926년 2월 27일 조선공산당 계열로 판단되던 구례청년당의 제2회 정기총회에서 군 단위 연맹을 발기하고 있다(동아일보 1926.

3. 5). 더욱이 이것은 구례청년당의 해체를 전제로 한 것이었다. 그 결과 1926년 시기 전남지역의 군 청년연맹 결성현황은 장성, 화순, 광주, 무안, 목포 등과 함께 동부 6군이 포함되어 있다(신주백, 1993: 139).

'일 지방 일 연합주의'는 그 후 더욱 발전하여 조선청년총동맹의 '일 지방 일 동맹주의'로 되었는데, 이러한 경향은 서울보다 지방에서 선행되었다. 즉 전남지방에서는 1929년 8월에 이르러 벌써 2차로 가맹단체를 정리했는데, 이것은 '일 지방 일 동맹주의'에 따라 자격이 상실된 단체를 정리한 것이었다(동아일보 1929. 8. 22). 조선청년총동맹은 중앙집권적 조직체를 완성하기 위하여 지역주의 원칙의 조직사업을 강화하는 동시에 도 연맹, 부 군 동맹, 면 지부의 기능강화를 위한 지도사업에도 힘을 기울였다. 조선청년총동맹의 지방조직이 어느 정도로 기능하였는가를 보여주는 좋은 사례가 전남에서 발견된다. 다음 기사를 보자.

> 조선청년총동맹 전남 도 연맹에서는 제2차 정기대회를 지난 11일 오전 11시부터 광주 흥학관에서 개최하고 --- 12시간 동안의 긴장된 회의는 만세삼창으로 11시 반에 산회하였다.
> 토의사항은 ① 일반운동방침 수립에 관한 건, ② 특수문제: 신간회 광주, 목포, 구례, 함평 4개 지회 분규문제에 대하여는 집행위원회에 일임하며, 조속히 그 과정을 청산하도록 할 사, ③ 갑산 화전민문제(토의금지), ④ 사회교육기관인 노동야학 및 학술강습소 등의 인가문제(토의중 금지), ⑤ 청총 해금(청총에 대한 집회금지 해제문제)에 대해서는 종래와 같은 수단을 버리고 해금투쟁 동맹을 조직하도록 위원회에 일임할 사, ⑥ 조선의 특수사정(토의금지[6]) 등이었다(김준엽·김창순, 1986: 153).

---

6) 글의 내용 중 '토의금지', '토의 중 금지' 등은 당시 회의에 임석한 경찰이 토의 자체를 금지하였거나 토의하는 중에 금지시켰다는 의미이다. 당시에는 이들 사회단체의

위의 자료는 당시 청년동맹의 영향력이 어느 정도였는지를 엿볼 수 있게 해 준다. 무엇보다도 청년동맹의 회의에서 신간회의 분규문제가 주요 의제로 논의되고 있으며, 그 방향까지 결정하고 있다는 점을 눈여겨볼 필요가 있다. 신간회에 대해서는 후술하겠지만, 지역의 부문별 주요 활동가들은 물론이고 좌파와 우파가 망라되어 있는, 지역을 대표하는 사회운동 조직이 신간회이다. 그런데 그러한 신간회의 분규 및 앞으로의 조직방향에 대한 논의가 청년동맹 내에서 이루어지고 있는 것이다. 이는 청년동맹의 주요 활동가들이 사실상 지역 내 사회운동의 핵심적인 지위를 차지하고 있기 때문에 가능하다고 생각할 수 있다.

(3) 선태섭과 청년운동

앞에서도 말한 바 있지만, 선태섭이라는 이름이 청년운동 관련 자료에 처음 등장한 것은 1925년이다. 즉 그 해 6월 10일에 개최된 전남청년회연합회 제3회 집행위원회에서 선태섭이 상임집행위원 겸 조사부장으로 선출되었다(선우기성, 1973: 344)는 기록이 그것이다. 이 조직의 성격이 무엇인지, 당시 보통학교에 재학 중이던 선태섭이 어떠한 과정을 거쳐서 그 조직의 간부를 맡게 되었는지에 대해서는 아직 구체적으로 밝혀진 것이 없다. 당시 선태섭과 함께 청년연합회의 임원 명단에 포함된 활동가는 다음과 같다.

회장 나승규,
상임집행위원 - 서무부장 장석천, 조사부장 선태섭, 교육부장 박영목, 소년

___

회의 및 대회에 경찰이 임석하여 문제가 있다고 판단되는 발언이나 행위에 대하여 즉석에서 제재를 가하였다.

부장 이현, 여성부장 신경애

위원 - 김형호 외 88인

이 중 회장으로 되어있는 나승규는 장성 출신으로 당시 광주서중에서 독서회 등을 통해 학생운동을 하였으며, 그 뒤에는 장성지역을 중심으로 각종 사회운동을 전개하던 인물이었다. 또 장석천은 전남 완도 출신으로 광주청년회와 제3차 조선공산당에서 활동하면서 광주지역 고등보통학교 학생들의 비밀조직이었던 성진회를 결성하고 지도한 인물이다. 그런데 성진회의 목적은 사유재산제도를 부정하는 등 사회주의를 지향하는 것이었다. 또 잘 알려져 있는 바와 같이 성진회는 훗날 광주학생운동을 주도한 조직이었다. 이렇게 볼 때, 앞의 수의위친계에서도 잘 드러나듯이, 이미 1925년경부터 전남지역의 활동가들 사이에는 매우 강력한 네트웍이 존재하고 있었으며, 정도의 차이는 있지만 이들 대부분은 사회주의를 조선의 현실적인 대안으로 깊이 고민하고 있었던 것으로 판단해야 할 것 같다.[7] 그리고 이러한 경향은 선태섭 역시 공유하고 있었다.

이 시기 선태섭은 개인적으로 진로 문제를 두고 큰 고민을 했던 것 같다. 1925년과 1926년은 보통학교를 다니는 마지막 해이고, 사회진출을 해야 하는 시기였기 때문에 더욱 그러했을 것이다. 훗날 진술에 따르면, 이 과정에서 선태섭에게 큰 영향을 미친 사건은 두 가지였다. 그 중 하나는 1925년 12월에 있었던 제1차 조선공산당사건이었다. 선태섭은 훗날 이 사건으로 인해 자신의 해방 투지를 일으킬 수 있었다고 말하고 있다. 다른 하나는 1926년에 일어난 6·10만세운동이었다. 이로 인해 선태섭은 일제

---

7) 훗날 심문조서에서 선태섭은 사회주의보다는 민족혁명을 선차적 과제로 생각하고 있었다.

에 대한 민족적 적개심이 격화되었다고 이야기하였다(인천경찰서, 1957년
선태섭 심문조서). 그렇지만 이 시기까지도 선태섭은 아직 공산주의운동
에 투신하지 않고 있었다. 그는 사회주의사상에 공명하고 있었지만, 그
보다는 민족적 이익을 우선시하였으며, 민족주의의 토대 위에서 민족해
방을 이룰 수 있는 좋은 방법의 하나가 사회주의라고 생각하고 있었다.

이런 상황에서 선태섭은 1927년부터 구례지역 사회운동의 주도 인물로
부상하였다. 이 사실은 다음 장에서 보게 될 신간회의 결성과정에서 주로
드러나지만, 청년동맹 관련 활동에서도 잘 알 수 있다. 그는 1927년 12월
2일 구례청년동맹 결성 시 사회를 맡고 있다. 그리고 그 날 대회에서 선
태섭은 연락조직부장으로 선출되었다. 당시 구례청년동맹 창립대회를 다
룬 기사 및 선태섭과 함께 임원으로 선출된 명단은 아래와 같다.(조선일
보 1927. 12. 7, 4면).

> 전남 구례청년당을 해체하고 청년동맹을 발기하여 창립준비위원 일동은 지
> 역을 분담하여 맹원모집 기타 준비에 분망중이라 함은 --- 구례청년동맹 대
> 회를 지난 이일 상오 십이시에 신간회 구례지회관에서 개최하고 선태섭씨
> 의 사회로 박준동씨의 간단한 개회사와 전남청년연맹 김재명씨의 조선청년
> 운동의 방향전환에 대한 취지 설명이 있은 후 --- 임시집행부로 선태섭, 박
> 준동, 김수성, 김재명씨를 선거한 후 --- 동대회를 무사 폐회하였다더라(조
> 선일보 1927. 12. 7, 4면).

< 구례청년동맹 간부 명단 >
중앙집행위원장 박준동, 서무부·재정부장 오재윤, 부원 한종술,
문화선전부장 김수성, 부원 김일, 김정준
연락조직부장 선태섭, 부원 김판암, 장혁
검사위원 박창용, 부원 황삼봉, 한병혁(이하 13명)

위의 신문기사에서 우리는 몇 가지 중요한 정보를 찾을 수 있다. 첫째, 정태중이 주도하던 구례청년당을 해체하면서 구례청년동맹이 만들어졌다는 것이다. 정태중의 구례청년당은 원래 서울청년회 계열로 출발하였지만, 조선공산당이 만들어지는 과정에서 화요회 계열과 함께 하였던 것으로 보인다. 그런데 서울청년회가 주도한 청년동맹이 지역조직을 만드는 과정에서 별다른 분규도 없이 순조롭게 조직 이양이 이루어지고 있는 것이다. 이는 당시의 상황으로 보면 이해가 되지 않는 사건이었다. 1926년~1927년 전남지역에서는 서울청년회 계열과 화요회 계열 사이의 갈등이 심각하게 발생하고 있었으며, 심지어 광주에서는 서울청년회 계열의 광주청년회가 화요회 계열의 광주노동공제회를 습격하여 폭력을 행사하는 사건까지 발생하고 있었다(신주백, 1993: 135). 이런 정세 속에서 구례에서는 전혀 다른 상황이 일어나고 있었던 것이다. 이렇게 볼 때, 구례의 상황은 아무래도 이 지역 활동가들이 맺고 있는 밀접한 관계 속에서만 이해할 수 있을 것 같다. 즉 표면상으로는 양측의 핵심이라 할 수 있는 정태중과 선태섭이 실은 같은 신문사의 선후배 사이이며, 이러한 동지적 관계는 이후에도 계속된다는 점에서 청년단체의 평화로운 전환이 설명되는 것이다.

둘째, 청년동맹의 조직에서 정태중의 이름이 보이지 않는다는 점인데, 이는 당시 정태중이 이미 수형생활 중이었다는 사실을 알고 나면 설명이 된다. 정태중은 1926년 9월 8일 '제2차 조선공산당사건'으로 체포되어 1928년 10월 7일 서대문형무소에서 출감할 때까지 수감되어 있었다. 이런 상황에서 정태중과 밀접한 관계를 맺고 있던 선태섭이 자연스럽게 구례청년운동의 지도자가 되었던 것이다. 그렇지만 이런 일련의 과정에서 선태섭이 정태중을 배제했던 것은 아니다. 그것은 정태중이 출감한 이후 그가 선태섭과 함께 구례 신간회조직에 참여하고 있으며, 선태섭과 정태중이 별다르게 충돌한 사건이나 징후가 전혀 발견되지 않고 있다는 점에서 드러난다(안종철 외 3인, 1995: 211~213).

한편 이 무렵 청년운동과 관련하여 선태섭이 처음으로 사법 처리되는 사건이 발생하였다. 그것이 바로 1928년에 일어난 보안법 위반사건인데, 이로 인해 선태섭은 문동경(일명 문균)과 함께 광주지방법원 순천지원에서 최초 징역 1년, 집행유예 4년의 처벌을 받았다. 그리고 대구복심법원에서는 금고 6월로 감형되었다. 당시의 재판기록 중 선태섭 관련 부분을 인용하면 아래와 같다.

--- 피고인 선태섭은 조선일보 구례지국 기자로서 구례청년동맹의 집행위원장 및 구례청년동맹 창립준비위원이며, 문동경은 동양대학 경제학부에 재학 중인 학생으로 현대의 사회제도 및 정치에 대하여 불만을 품고 있던 자인바,
제1, 피고인 양인은 공모하여, 허가를 받지 아니하고, 반포의 목적으로, 소화 3년 7월 12일 전라남도 구례군 구례면 구례청년동맹 회관에서 조선어를 사용하여 '임시대회를 맞아'라고 제(題)하고, "우리 구례의 피압박청년도 모든 일에 웅비적 발전을 하여, 투쟁을 통하여 세계신흥계급운동과 손을 잡고 나아갈 것을 알고 있었다. 그런데 이 운동이 맹렬해짐에 따라 전제적 지배계급, 즉 정부는 이에 대한 탄압을 그치지 않고 있다. 지난 번 각지에서 돌발한 공산당사건의 검거, 치안유지법의 개악 등, 언어도단의 폭압은 항상 가해져 정치적으로, 경제적으로, 사회적으로 파멸에 이르러가고 있다. 이와 같이 우리 피압박 대중, 즉 조선 민족은 모든 폭압과 착취의 맹습을 받아, 우리들의 일거수일투족(一擧手一投足)은 투쟁적이고도 반항적이 되지 않을 수 없다. 우리들은 다만 투쟁의 두 자를 실현하지 않으면 안된다. 云云." 이라는 취지를 기재한, 안녕질서를 방해하는 문서를 저작하여, 즉일 동소에

서 등사판을 사용하여 약 60부를 인쇄한 뒤에 그 무렵 동 회관 기타에서 전시 동맹 회원 기타의 자에게 이를 반포하고, ----

본건 공소사실 중 피고인 선태섭이 소화3년 7월 25일 전기 구례청년동맹의 회관에서 개최된 구례소년동맹 창립총회의 석상에서 청중 약 50명의 면전에서 "조선에 있어서의 소년운동은 지금으로부터 7, 8년 전의 3·1운동에 싹이 터서 대두되어 발달해 온 것으로서 3·1운동, 즉 3월 1일은 우리 조선인으로서 잊을 수 없는 것이다."라는 취지를 말하여 대정 8년 3월 1일 발발한 소요사건을 교묘히 이용하여 조선의 정치상의 독립에 대한 희망을 암시하고, 정치에 관하여 불온한 언론을 하여, 이로 인하여 치안을 방해하였다는 점에 대하여 살피건대, ---

이 재판기록은 당시 선태섭의 활동에 대하여 몇 가지 중요한 정보를 알려주고 있다. 먼저 1928년 7월경 선태섭이 구례청년동맹의 집행위원장 및 창립준비위원으로 활동하고 있었다는 사실이다. 즉 그는 구례청년동맹의 결성 과정에서 가장 핵심적인 인사 중 하나로 활동하였던 것이다. 두 번째로, 이 무렵 청년동맹 결성을 위해 다양한 형태의 집회가 열리고 있었으며, 그 과정에서 선태섭 등의 형사사건이 일어났다는 것이다. 위 인용문에는 빠져 있지만, 판결문에는 선태섭과 함께 사법 처벌된 문동경이 약 50명의 면전에서 일본 제국주의 및 사회운동을 비난하는 조선인에 대하여 비판하였다는 부분이 있다. 그리고 이러한 형태의 집회에서 위에서 인용한 내용의 팜플릿 등이 사람들에게 배포되었던 것이다. 세 번째로 선태섭이 구례소년동맹 창립대회에서 소년운동의 기원이 3·1운동이라는 내용의 연설을 하였다는 점이다. 이 자료가 나올 때까지 구례소년동맹에 대해서는 알려진 바가 없지만, 이로 인해 1927년에 그것이 결성되었고, 그 과정에서 선태섭이 중요한 역할을 했다는 것이 분명해졌다. 또 당시의 선태섭이 3·1운동을 매우 중요하게 생각하였다는 사실도 알 수 있다.

이후 1928년 6월 11일 담양에서 열린 전남청년연맹 제4회 정기대회에서 선태섭은 집행위원으로 선출되었다(선우기성, 1973: 344쪽). 1925년 전남청년회연합회에 이어 또 다시 지역 연합조직의 간부를 맡게 된 것이다. 한 가지 주의할 점은 1928년은 이미 각 지역에서 청년동맹이 결성되어 있던 시기였다. 따라서 이 기록에 나와 있는 전남청년연맹과 청년동맹의 관계에 대해서는 아직 분명히 밝혀진 바가 없다. 그러나 당시 그와 함께 집행위원으로 선출된 명단[8]을 보면, 1925년 시의 명단과 동일한 인물들이 포함되어 있다는 것을 알 수 있다. 즉 1920년대 중반 선태섭과 활동을 같이 했던 인물들이 여전히 전남지역의 청년운동에서 핵심적인 위치를 점하고 있는 것이다.

이후 전남지역의 청년운동과 관련된 자료에서 선태섭의 이름이 발견되지 않는다. 그러나 본인의 증언에 따르면, 그는 1929년 9월경부터 전라남도 청년연맹 상무 집행위원으로 청소년들의 조직사업과 조사연구사업을 전개하다가 동년 11월경 전남 장성경찰서에 피검되었으며, 그 다음 해인 1930년 3월경에 석방되었다고 한다. 그리고 석방되자마자 그는 전남 청년연맹과 조선청년총동맹 중앙이 처한 국면을 수습하기 위해 합법·비합법적으로 지하에서 활동하였으며, 그러다가 1930년 7월경 치안유지법 위반사건으로 경기도 경찰부에 체포되었다(인천경찰서, 1957년 선태섭 신

---

8) 명단에는 나승규, 강종득, 선태섭, 김용균, 고봉우, 박팔봉, 길양주, 윤주응, 박건, 천균, 유경수, 박영목, 이현, 남궁현, 조용, 장석천, 강해석, 김홍은, 구주남, 양정류, 하헌훈 등이 포함되어 있다. 이중 남궁현은 선태섭의 아들이나 며느리도 잘 알고 있었다. 두 사람이 훗날 1970년을 전후한 시기에도 막역한 친분관계를 유지하고 있었기 때문이었다.

문조서). 이때의 체포는, 경찰이 그를 조선공산당 재건운동과 관련된 것으로 판단한 결과였다. 이에 대해서는 후술하겠다.

(4) 신간회 활동

신간회는 1927년 2월 약 30여 명의 민족주의자와 사회주의자들에 의해 창립되었다가 이듬해에는 전국적으로 약 3만명의 회원을 포괄한 대중조직으로 성장한 식민지시대 최대의 항일운동 조직이었다(스칼라피노·이정식 외 6인, 1983: 서문). 특히 신간회운동은 일제시기 조선의 사회운동을 대표하는 두 줄기 흐름이 좌우합작이라는 이름 아래 하나로 뭉쳤다는 점에서 큰 의미를 갖는 운동이었다. 즉 부르주아 민족주의운동과 사회주의운동이 신간회라는 틀 안에서 "1.조선민족으로서 정치, 경제의 구경적 해결 도모, 2.단결의 공고화, 3.기회주의 일체 부인"(이균영, 1993: 97)이라는 동일한 목표를 추구하게 된 것이다.

구례지역에서 신간회가 조직된 것은 1927년 6월 4일이었다(이균영, 1990: 71). 서울에서 신간회가 결성된 것이 1927년 2월 15일이고, 지회들이 결성되기 시작한 것이 5월부터라는 사실을 생각하면 구례지역의 신간회창립은 전국적으로도 매우 빠른 편에 속한다. 이는 신간회의 주도세력 중 하나인 서울청년회와 구례지역 사회운동가들 사이의 긴밀한 관계에 따른 현상으로 볼 수 있다. 특히 선태섭은 본부 상무간사인 송내호와 수의위친계를 함께 할 정도로 가까운 사이였으며, 그 외 신간회의 중심인물들과도 교류하고 있었다. 그것은 선태섭이 훗날 심문조서에서 신간회의 이○○, 권○○, 홍○○, 안○○, 송○○, 김○○[9] 등과 접촉하고 있었다고

---

9) 경찰의 심문조서는 관계자의 신상보호를 위해 사본을 내주는 과정에서 이름을 지워버린다. 이 때문에 이들의 정확한 성명은 알 수가 없다.

술회하는 것에서 알 수 있다(인천경찰서, 1957년 선태섭 심문조서). 지금으로써는 선태섭이 접촉했다는 신간회 간부들이 누구인지 알 수가 없다. 다만 선태섭이 이들을 선배라고 불렀다는 점, 전남지역의 신간회에는 주도적인 인물들 중 그러한 성을 가진 사람이 없다는 점, 선태섭이 조선일보 네트웍의 일원이었다는 점, 그리고 무엇보다도 민족주의 성향이 강한 사회주의자라고 하는 당시 선태섭의 정치적 지향 등을 고려하면, 이들 중 네 사람은 권태석, 홍명희, 안재홍, 송내호 등이었을 것으로 추정된다.

신간회는 사실 선태섭의 운동이념을 가장 잘 표현하고 있는 조직이었다. 신간회가 조직된 것은 선태섭이 사회운동에 본격적으로 뛰어든 지 2년 정도 지난 시기였다. 그때까지 청년운동에 매진하던 선태섭에게 좌우합작 및 모든 운동 분야를 망라하는 조직이었던 신간회는 아마도 커다란 희망으로 다가왔을 것이다. 더욱이 신간회의 설립취지는 선태섭의 평소 소신과 일치하는 것이었다. 선태섭의 훗날 증언이 이를 증명한다. 그는 심문조서에서 "저는 신간회의 정강에 사상적으로 완전히 공명하게 되었다. 3·1운동 전후까지의 우리나라 해방투쟁을 민족주의가 영도하였다면, 1920년 이후부터는 점차적으로 사회주의 사조와 계급투쟁의 사조가 대두하면서 반 일제 투쟁역량이 분열되고 있었다. 나는 이에 대해 매양 유감으로 생각하고 있었기 때문에 신간회에 적극 찬동하였다. 우리나라가 일제의 식민지 기반 하에 있는 만큼 사회주의혁명이란 것보다 민족혁명이 선차적 과업이 되며, 일제에 대하여 항쟁 요소가 있는 각계각층과의 광범한 통일전선으로 '전 민족적 역량을 집중 통일하며, 민족적 단결을 공고히 하고 기회주의를 일체 부인한다'는 것이 신간회의 3대 강령이었다."고 술회하고 있다(인천경찰서, 1957년 선태섭 심문조서).

▲ 구례 신간회관이 있던 자리

구례에서 신간회가 조직된 과정이 아직 분명히 밝혀진 것은 아니지만, 1927년 6월 4일 신간회 구례지회 창립대회가 개최되었다. 그리고 이 대회에서 선태섭은 간사로 선출되었다. 초기 신간회 조직의 구성원들과 그때까지 구례지역 사회운동의 지도자들을 비교해 보면, 구례지역 사회운동의 지도자들 중 신간회 조직에 참여한 인물들은 조찬영, 김정상, 선태섭 등이라고 할 수 있다. 이들의 이름이 1920년대 구례지역 사회운동에서 자주 발견되는 이름이기 때문이다. 당시 선태섭과 함께 구례에서 신간회 조직을 주도한 사람들은 아래와 같다.

지부장 양인숙,
서무부 조찬영, 재무부 박봉래, 정치문화부 김정상
조사연구부 황위현, 조직부 김정상, 선전부 김영준, 간사 선태섭,
김병훈(박형훈), 김병묵, 서학종, 김영ㅇ, 박준동, 문응호, 이종수,
오재윤, 김영성(『전남도지』 8권, 1993: 159-160)

구례에서 조직된 신간회는 단순히 이름만 있는 조직이 아니었다. 신간회 구례지회는 지역민의 자치 능력을 증진하고, 생활상의 이익을 도모하는 다양한 활동을 전개하고 있다. 무엇보다도 신간회는 지역민들의 경제적인 삶을 지키고, 생존권을 보호하는 활동을 전개하였다. 이것은 구체적으로는 조합 설립과 운영으로 나타났다. 소비조합은 소비생활에서 중간의 이익단계를 배제하고 싼 값에 물품을 구입하여 이윤을 조합원에게 귀속시키는 것이며, 협동조합은 대개 생산활동에서 판매에 이르는 과정내의 공동출하, 공동판매를 하는 것이었다. 구례의 경우 3만원의 자금으로 조합을 경영했으며, 지역 내의 다양한 활동이 이루어질 수 있는 근거지로 막대한 경비를 들여 신간회 회관을 신축하기도 했다(권경안, 2000: 198). 또 청소년의 능력을 계발하기 위해 웅변대회를 개최하기도 했다. 다음의 신문기사에서 알 수 있듯이 신간회 구례지회가 조직된 바로 그 해 8월 15일에 구례에서는 청년웅변대회가 열리고 있다. 선태섭은 이 날 대회에서 개회선언을 하였다.

신간회 구례지회 주최와 본보지국, 광의청년회, 광의문우회(光義文友會) 후원으로 구례청년 웅변대회를 개최한다 함은 기보한 바어니와 예정과 여히 십오일 하오 구시에 선태섭 군의 개회선언과 양인숙씨의 개회사가 있은 후 ---(조선일보 1927. 8. 20, 4면)

신간회 구례지회는 좌우합작 및 민족단일당이라는 신간회의 설립 취지에 부합하는 조직구성을 보이고 있으며, 그러한 활동을 전개하였다. 실제 구례에서 신간회 조직을 주도하였던 구례청년동맹에서는 신간회 지지와 민족단일당 촉성을 의제로 다루고 있다(이균영, 1993: 266). 그 결과 신간회 구례지회 회원은 일제의 지배에 직접 협력하는 일부를 제외하고 구례군의 거의 모든 식자층을 망라하고 있으며, 그 수는 1,000명을 넘어서고 있었다. 또한 이들이 주도하였던 구매조합 등 여러 생존권수호운동은 반체제운동으로서의 성격을 강하게 띠고 있었다. 나아가 대부분의 농민운동 및 노동운동, 청년운동, 사상운동 등이 신간회운동 속으로 결합하고 있었다(권경안, 2000: 198). 이와 같이 활발한 활동을 전개하던 신간회 구례지회는 창립된 지 6개월 정도 지난 1927년 12월 8일 제1회 정기대회를 개최하였으며, 이를 통해 임원을 개선하였다. 그 내용을 보도한 신문기사와 바뀐 임원 명단은 아래와 같은데, 선태섭은 새로 선임된 신간회 임원 중 서무재정상무를 맡고 있다.

> 신간회 구례지회에서는 팔일에 제일회 정기대회를 개최하고 임시의장 김정상씨의 사회 하에 의사를 진행하였는데 오십여의 출석회원을 비롯하여 남녀 우의단체의 내빈으로 대성황을 이루었으며 경찰의 간섭으로 일반방청과 소년을 들이지 못하게 함이 유감이었으나 무사히 의사를 마치고 임원을 선거한 후 신간회 만세 삼창으로 폐회하고 다과회로 옮기어 흉금을 피력한 의견한 후 하오 팔시반에 산회하였다 하며---(조선일보 1927. 12. 13, 4면)

지회장: 고용주,10) 부지회장: 김준
사무부 총무간사: 박준동, 재정부 총무간사: 박봉래
서무재정상무: 선태섭, 조사연구부 총무간사: 황위현
정치문화부 총무간사: 김정상, 조사연구부 상무: 김영준
선전조직부 총무간사: 조찬역
간사: 양인숙, 김수성, 오재윤, 서학종, 김홍석
대의원: 김준, 김정상

---

10) 임원 중 지회장인 고용주가 뒷날 전주로 이사를 가면서 1928년 3월 27일 박해룡이 후임 지회장이 되었다(조선일보 1928. 4. 2).

그런데 구례지회와는 달리 신간회 중앙본부는 1929년에 들어서면서 여러 가지 내홍이 발생하기 시작하였다. 이는 신간회를 바라보는 내부 진영 사이의 시각 차이에서 비롯된 것이지만, 다른 한편으로는 일제의 탄압에 기인하는 현상이기도 했다. 신간회는 1928년과 1929년의 정기대회를 금지 당하였는데, 이러한 상황에서 1929년 6월 28일, 29일 양일에 걸쳐 복대표대회가 열렸다. 복대표대회란 것은 정기대회가 금지된 비상사태에서의 자구책이었다. 정상대로라면 각 지회에서 회원 수에 비례하여 대표회원을 선출하고, 그 대표회원들이 본부에 모여 정기대회를 개최하여 규약과 임원을 개선해야 한다. 하지만 정기대회가 금지되었기 때문에 이러한 일련의 절차가 불가능하게 되었고, 일종의 편법으로 수 개의 인접 지회가 합동으로, 대표 즉 복대표 1인을 선출하고 복대표들이 모여 정기대회를 대신하는 대회였다(이균영, 1993: 147).

전국 각지에서 선출된 27인의 복대표들이 참석하여 개최된 복대표대회에서는 허헌을 집행위원장으로 하는 78명(중앙집행위원 56명, 중앙집행위원 후보 8명, 중앙검사위원 13명)의 새로운 본부 진용이 꾸려졌다. 이들은 상당수가 사회주의 진영에 속한 인물들이었다. 그런데 그 뒤의 조직구성에서는 복대표들의 의사와는 다른 결과가 나왔으며, 이것이 문제가 되었다. 일의 전말은 이렇다. 복대표 직후인 1929년 7월 4일, 38명의 위원이 참석한 중앙집행위원회는 중앙상무집행위원 및 본부의 각 부장 및 임원을 진형하였다. 이들이 실질적인 본부 임원들이라 할 수 있는데, 사회주의 계열이 다수를 점했던 중앙집행위원의 구성과는 달리 민족주의 우파들이 대다수 본부 간부직을 차지하게 되었다. 이러한 일이 가능했던 것은 복대표에서 선출된 중앙집행위원들이 지역에서 상경하기도 전에 임원선출을 해서 서울지역의 의도대로 본부 간부직이 선출되었는데, 서울지역의 지도자들이 중앙집행위원회의 구성에 반발하는 민족주의 우파들을 의식했기 때문이었다.

　이러한 본부 임원 구성에 처음으로 반발한 것은 7월 말 광주지회였다. 그것은 6월 29일 대회에서 선출된 전국의 중앙집행위원들이 상경할 틈도 없이 회의를 열어서 임원 선출이라는 결정을 내린 것은 절차상 잘못이라는 것이다. 나아가 변호사라는 허헌의 직업 역시 일제의 지배에 일정 정도 동조한다는 점에서 문제가 제기되었다. 이러한 광주지회의 입장은 목포, 함평, 구례지회 등의 지지를 얻었으며, 많은 전국 지회의 회의에서 이 문제가 의안으로 상정되기도 했다. 이 문제는 본부에 의해 광주지회가 해산되었다가 4개월 뒤 다시 복권되는 것으로 일단락되었지만, 결과적으로 본부의 집행부도 바뀌게 된다(앞의 책, 1993: 198~200). 그리고 복대표대회를 계기로 사회주의진영이 신간회의 헤게모니를 장악하게 되었으며, 신간회의 각종 정책이 강경책으로 전환하게 되었다. 그리고 이러한 신간회의 성격 변화는 구례지역에서도 그대로 발견된다. 1929년 8월 8일 신간회 구례지회의 진용도 새롭게 바뀌게 된 것이다(조선일보 1929. 8. 14).

　　집행위원장: 황위현
　　집행위원: 조찬영, 정태중, 박준동, 박봉래, 임종기, 김병두, 선태섭, 강대인,
　　　　　　　김영순, 이병묵, 박병현, 김준, 양인숙, 김영준
　　집행위원 후보: 서학종, 김기선, 유영만, 박규현
　　검사위원: 박해룡, 이용식, 권봉수, 황준, 정해수
　　대표회원: 김영준

　새로 선임된 신간회 구례지회 구성원들을 살펴보면, 매천 황현의 둘째 아들로 중립적인 황위현을 집행위원장으로 하였지만, 집행위원으로는 조

찬영, 정태중, 박준동, 선태섭, 강대인 등 구례지역의 핵심적인 사회주의 활동가들이 모두 망라되어 있다. 사실 이 시기에 서울청년회 등 사회주의 활동가들은 신간회를 모두 사회주의적인 조직으로 바꾸려는 노력을 전개하고 있었다. 서울청년회는 당 재건운동의 방략으로서 각 신간회의 지회에 조직을 확대시켜나갔던 것이다. 그리고 그 대표적인 지역이 전남·북이라 할 수 있다. 예를 들면 광주에서는 강영석, 나승규, 장석원, 박오봉, 서재익, 장재성 등이 서울계 공산주의운동의 야체이카를 구성, 광주학생운동을 배후에서 지도하였는데 이들 중 강영석·석원 형제, 나승규, 서재익 등이 신간회 회원이었다(이균영, 1990: 167).

선태섭 역시 그 연장선상에서 활동한 것으로 판명된다. 더욱이 광주지역의 활동가들은 선태섭과 청년운동 등의 과정에서 동지적 관계를 맺고 있는 사람들이었다. 이렇게 볼 때 복대표대회를 전후한 시기의 신간회와 서울청년회와의 관계는 다음과 같이 정리될 수 있다. 첫째 서울계 재건운동에서의 대 신간회 전략은 매우 적극적이었다. 그 때문에 본부뿐만 아니라 신간회지회에도 많은 서울계 조직이 형성되었다. 둘째, 신간회 회원을 재건운동에 끌어들이려는 서울계의 전략이 집중된 곳은 함경북도, 전라도 지역으로 나타난다.

여기서 신간회 및 선태섭과 관련하여 반드시 짚고 넘어가야 할 사건이 있는데, 그것은 1929년 11월 3일에 발생한 광주학생운동이었다. 광주학생운동은 대략 세 단계로 나눌 수 있는 광주에서의 11월 투쟁과 서울에서의 12월 투쟁, 그리고 1930년 1월부터 3월 사이에 일어난 전국투쟁이 그것이다. 이중 광주의 11월 투쟁은 성진회라는 비밀조직과 그 뒤를 이은 광주지역 고등보통학교 학생들의 독서회가 주도하여 발생한 사건이었다. 서울에서의 12월 투쟁은 조선청년총동맹과 사회주의 학생운동 조직이 중심이 되어 일어났으며, 1930년 초의 전국투쟁은 신간회와 근우회, 청년총 동맹 지방조직 등이 중심이 되어 일어났다. 즉 허헌이 집행위원장으로 있던 시기의 신간회 활동은 광주학생운동사건에 대한 관여와 그것을 대 중운동으로 연결시키려고 했던 민중대회사건[11])으로 집약될 수 있다(김 성보, 1989: 136).

광주지역에서 11월 3일에 있었던 한·일 학생들 간의 우발적인 충돌을 조직적인 항일운동으로 발전시킨 것은 성진회와 그 뒤를 이은 광주지역 고등보통학교 학생들의 독서회였다. 성진회는 1926년 11월 3일 결성된 비 밀결사인데, 광주청년회의 강해석, 지용수, 한길상, 장석천, 강영석 등이 광주농고의 왕재일, 정남균, 광주제일고보의 국순엽, 장재성 등을 지도하 여 결성한 비밀조직이었다. 참여자들의 면면을 볼 때, 모두 서울청년회 계열의 사회주의 활동가들이며, 선태섭과는 최소한 1920년대 중반부터는 동지적 관계를 갖고 있던 인물들이었다. 선태섭이 광주학생운동 사건에 관여를 하였는지, 했다면 어떠한 방식으로 했는지 아직 분명치 않다. 그 러나 광주학생운동 사건에 깊숙이 참여해서 감옥살이까지 하였던 유치오 의 증언에 따르면, 선태섭은 기자이면서 동시에 사회주의 활동가로 학생 운동이 일어나기 전부터 아는 사이이며, 자신들을 계속 격려해주는 사람 이었다고 하고 있다.[12]) 이렇게 볼 때 광주학생운동의 진행과정에 선태섭 이 직접 개입한 것은 아니더라도 최소한 간접적인 접촉은 있었던 것으로 보인다.

---

11) 허헌과 김병노 등 당시 신간회 본부의 간부들이 광주학생운동 사건에 대한 현지조사 를 한 다음, 그 해 12월 13일 민중대회를 열기로 결정하였으나, 사전에 일제가 관련자 20여 명을 체포하고, 신간회 본부를 압수 수색한 사건이다.
12) 필자가 1996년 7월 12일 서울에서 유치오를 직접 만나 들었던 내용이다.

이와 같이 항일운동의 구심점으로 자리 잡고 있던 신간회지만, 1930년 이후부터는 신간회를 해소[13])하자는 주장이 나오기 시작하였다. 이러한 주장의 배경은 다음의 두 가지이다. 첫째는 신간회 내부적인 문제로 신간회의 온건화에 대한 반발이다. 1930년에 들어서면서 신간회 본부 조직은 상당부분 우경화되기 시작하였는데, 그들 중에는 자치론, 즉 일본의 지배체제 내에서 조선인이 통치의 일부를 담당하는 정치체제를 주장하기도 했다. 이에 대해 신간회의 근간을 이루고 있던 사회주의 활동가들과 대중들이 조직적으로 반발하기 시작한 것이다.

둘째 코민테른의 '12월 테제'가 이때부터 조선의 사회주의 활동가들에게 활동지침으로 받아들여지기 시작하였다는 점이다. 코민테른의 '12월 테제'란, 1928년 12월 코민테른 집행위원회 정치서기국이 채택한 조선공산당 재조직에 관한 결정서를 말하며, 약칭 '12월 테제'라고 한다. 그것은 1928년 7월~8월 모스크바에서 열린 코민테른 제6차 대회의 결정서에 포함된 '식민지, 반식민지국가에서의 혁명운동에 대하여'에 기초한 것으로, 정식명칭은 '조선농민 및 노동자의 임무에 관한 테제'다. 이 '테제' 내용에 따르면, 조선공산당은 종전과 같은 인텔리 중심의 조직방법을 버리고, 공장, 농촌으로 파고들어가 노동자와 빈농을 조직해야 하며, 민족개량주의자들을 근로대중으로부터 고립시켜야 한다는 내용이다. 이 지침은 처음에는 조선의 활동가들에게 잘 전달되지도 않았고, 또 심각하게 받아들여지지도 않았다. 그러다가 제4차 조선공산당사건이 일어나면서 조공 조직이 붕괴되자, 조공 재건운동과 연결되면서 조선 사회주의 활동가들의 가

---

13) 해소란 한 조직체의 해산을 뜻하는 해체와는 달리, 한 운동에서 다른 형태의 운동으로 전환하는 변증법적 자기발전을 뜻하는 것이다. 즉 당시 해소론자들은 신간회 해소는 신간회라는 구 형태가 신 형태로 지양되는 순간에 완성된다고 주장하였다.

장 중요한 활동지침이 되었다.

이 무렵 신간회 구례지회는 다시 조직을 개편하였다. 개편된 면면을 보면, 사회주의 활동가들의 영향력이 훨씬 강해졌다는 것을 알 수 있다. 김영준을 제외하면, 대부분이 사회주의 활동가이거나 그들에게 우호적인 인물들이기 때문이다. 이러한 조직 구성은 이미 우경화되고 있던 신간회 본부의 정책방향과는 필연적으로 충돌할 수밖에 없는 것이었다. 물론 지금까지 확인 가능한 자료들로는 신간회 구례지회가 본부와 어떤 내용으로 충돌했는지 분명치 않지만, 신간회 구례지회가 전남의 다른 대부분의 지역들과 마찬가지로 해소에 찬성했다는 것은 분명해 보인다. 그리고 이러한 해소론 지지를 주도한 것은 선태섭이었던 것으로 판단된다. 그것은 전국적인 수준에서 해소론자들이 조선공산당 재건운동에 투신하고 있는데, 구례지역에서는 선태섭이 유일하게 당 재건운동에 뛰어들었다는 것이 확인되기 때문이다. 즉 1930년을 전후한 시기 서울계 공산단 재건 조직 중 한 명으로 선태섭이 활약했다는 일본 측의 자료가 있는 것이다(이균영, 1993: 192).[14] 이에 대해서는 후술하겠다.

> 1930년 2월 14일 신간회 구례지회 정기대회 개최 예정(조선일보 1930. 2. 12)
> 소집부: 황위현, 장혁, 김영준, 선태섭
> 문안 및 예산작성부: 박준동, 조찬영, 강대인, 선태섭
> 설비부: 조찬영, 박봉래, 장혁
> 조사부 보고: 서기장 대임

---

14) 1930년 11월 28일 朝保秘 第1560號 '朝鮮共産黨竝同靑年會再建組織運動檢擧 二關スル件'報告(『現代史資料』 29: 294).

1931년 5월 15일, 경성중앙기독교청년회관에서 이틀로 예정된 제2회 신간회 전체대회가 열렸다. 이것은 창립대회 후 처음 열리는 전체대회이자 동시에 해소대회였다. 대회 이틀째인 16일, 신간회 해소를 둘러싸고 찬반 논쟁이 있었지만, 결국 해소안이 가결되었다. 해소대회일인 5월 16일 현재 본부가 발표한 회원 수는 총 39,910명이었다(앞의 책, 528~533). 이렇게 대규모로 성장했던 신간회는 조직 내부의 갈등과 일제의 탄압 속에서 역사 속으로 사라졌다. 이제 조선의 사회운동은 자치론이라는 이름 아래 일제에 협력하는 우파 진영과 노동자·농민의 조직화에 힘쓰면서 비합법운동으로 뛰어 든 좌파 진영으로 나누어졌다. 선태섭 역시 이러한 격랑 속에서 무엇인가 선택을 할 수밖에 없었다. 애초 사회주의를 민족의 독립과 민중의 생활 향상을 위한 방편으로 생각하면서 조선공산당 가입도 하지 않은 채 신간회 일에 매진하던 그였지만, 그 역시 신간회 해소를 전후하여 확실하게 한 쪽을 선택할 수밖에 없었다. 1930년에 접어들면서 그는 조선공산당 재건운동에 전력을 다하고 있다.

IV. 일제하 전남지역의 공산주의운동과 선태섭

1. 1920년대 중반 전남지역의 사상운동과 공산당운동

(1) 1920년대 전남지역의 사상운동

일제 시기 국내의 항일운동은 3·1운동을 계기로 분화가 일어난다. 식민지체제 내에서 자치권 획득을 요구하는 민족주의 우파와 사회주의체제를 대안으로 생각하는 좌파 진영으로 나누어진 것이다. 물론 좌파 진영 내에서도 맑스-레닌주의를 보다 강조하는 세력과 그보다는 민족을 우선시하는 세력으로 나눌 수 있겠지만, 당시의 상황에서는 그 구분이 분명하지 않았다. 무엇보다도 사회주의체제 자체에 대한 지식이 매우 부족한 실정이었다. 그렇지만 지식의 부족과 현실의 열정은 다른 것이었다. 당시 사회주의를 받아들인 사람들은 대부분 1917년 러시아혁명으로부터 큰 영향을 받았다. 무엇보다도 혁명으로 세워진 소비에트사회주의공화국연방(소련)이 새로운 사회로 나아가는 모범적인 사례라고 생각했다. 당시의

활동가들은 식민지 조선이 한편으로는 식민지지배로부터 벗어나서 독립
된 국가가 되어야 하지만, 다른 한편으로는 봉건적인 지배로부터 벗어나
서 근대적인 사회로 나아가야 한다고 생각하고 있었고, 그러한 역사발전
의 선두에 소련이 있다고 생각한 것이다. 그 결과 각 지역의 활동가들은
다양한 형태의 사상단체들을 결성하기 시작하였다. 〈표 4-1〉은 당시 전남
지역에서 만들어진 사상단체들이다.

〈표 4-1〉 1923~1926년경 전남지방 사상단체 현황

단체명	지역	창립날짜	주요 인물
순천연학회 신우회	순천 광주	1923. 6. 4. 총회 1923년경	이영민, 유목룡, 김양수, 이창수, 이홍만 등 김강, 지용수, 강석봉, 김재명 등이 발기
순천무산자동맹회	순천	1924. 1. 31.	이창수, 이영민, 박정래, 박병두, 김기수 등
광주십팔(十八)회 순천친목회 전남해방운동자동맹 무산동우회 2월회 효종단 신인회 거화회 사상동맹 전위동맹 효성단 필연단 무산동우회	광주 순천 전남 무안 담양 나주 제주 광양 함평 목포 장성 진도 곡성	1925. 1. 18. 1925. 1. 28. 이전 1925. 1. 28. 1925. 2. 1. 1925. 2. 5. 1925. 1. 29. 1925. 3. 11. 1925. 4. 4. 1925. 4. 12. 1925. 8. 30. 1925. 11. 21. 1925. 12. 7 1925. 3. 임총	간부: 조준기, 정윤모, 최안섭 강석봉, 이항발, 전도, 정병용, 유혁, 배치문, 신 준희, 기노춘, 지용수 정두현, 박윤희, 최권숙, 김종범 정병용, 정경인, 조완석, 서광일, 강재완 등 최남구, 박공근, 김동선, 남상홍, 박관업 김택수, 한상호, 홍순기, 송종현, 강창보 현해(玄海) 등 서병인, 조극환, 오덕근, 김영식, 배치문 등 나승규, 임호준, 김인수 주인배, 소진호
일심단 육성회 살자회 필시(必是)동맹 추성회 지도전초동맹	보성 화순 완도 함평 보성 무안	1926. 1. 1926. 6. 6. 1926. 6. 13. 1926. 6. 28. 임총 1926. 7. 9. 임총 1926. 8. 14.	박남수, 김종명, 황한익, 김학준 등 조병철, 주재학 등 최평산, 신준희, 최형천, 송내호, 강사원, 송기호 김상열 서병익 나만성, 주명식, 김생기, 이용백 등

* 신주백(1993: 123~124)에서 재인용

표에서 알 수 있듯이 1923~1924년에 결성된 전남지방 사상단체들은 광주를 중심으로 전남의 동부지방에 집중되어 있는 반면에 1925~1926년경에 결성된 사상단체들은 광주를 중심으로 전남 북부와 남서부 지방에 집중되어 있었다. 이와 같은 시기별, 지역별 조직구성의 차이가 의미하는 것은 무엇일까? 그것은 서울을 중심으로 첨예화하고 있던 사회주의 진영의 분파 싸움이 전남지역에서도 어느 정도 나타나고 있었다는 것을 보여주는 것이라고 할 수 있다. 1920년 초·중반 당시 우리나라의 사회주의 활동가들은 화요회와 서울청년회, 북성회 등 여러 계파로 나누어져 있는 상태였으며, 이들 사이에서 끊임없는 대립과 갈등이 일어나고 있는 상태였다. 이러한 갈등은 비단 중앙에 그치는 것이 아니라 지역 단위에서도 그대로 재현되고 있었다.

우선 전남 동부지역은 화요회 계열이 주도하였던 '제1, 2차 조선공산당'의 세포조직이 있었던 곳이다. 즉 '제1, 2차 조선공산당'의 전남지방 조직은 광주, 순천, 광양지역 당 야체이카와 광주, 순천, 광양, 구례지역의 공청 야체이카를 기반으로 하고 있었는데, 이들 지역에서는 1923~1924년경에 이미 여러 사상단체들이 구성되어 있었다. 물론 이들 지역의 활동가들이 모두 화요회 계열이었던 것은 아니며, 상당수는 서울청년회 계열이었지만, 그럼에도 불구하고 조선공산당 조직에는 가담하고 있었다. 선태섭은 이들 중 상당수와 기자대회를 통해 만났으며, 스스로 선배 제현이라고 할 정도로 이들과 깊숙한 교류를 나누고 있었다.

다른 한편, 1925~1926년경에 조직된 사상단체들의 주요 지도자들은 대부분 전남해방운동자동맹과 일정한 관련을 맺고 있었다(신주백, 1993, 123~128쪽). 그리고 이들은 사실상 일제시기 전반에 걸쳐서 전남지역 사회운동의 지도자 그룹을 형성하고 있던 사람들이었다.

전남해방운동자동맹은 1925년 1월 29일 강석봉, 전도, 조극환 등 서울계 인물들이 중심이 되어 전남의 사회운동에 대한 정책 수립과 이론 및 전술 연구를 목표로 조직한 사상단체이다. 따라서 당시 서울파가 주도한 전조선 민중운동자대회 반대단체 연합위원회, 조선사회운동자동맹 등에 참여하고 있다(동아일보 1925. 2. 1 ; 4. 9 ; 1926. 10. 2). 1926년에 개최된 전남해방운동자동맹 제2년 제1회 정기총회에서 선출된 집행위원은 김은환(영광), 정병용(담양), 나만성(목포), 김상수(지도), 이항발(나주), 신준희(완도), 전도, 강석봉, 김재명(광주), 설준석(목포) 등이다(김점숙, 1993: 86). 이들은 자신의 출신지역은 물론이고 광주·전남 및 서울지역에 걸쳐서 당시 서울계의 핵심적인 활동가들이었다. 선태섭은 일제시기는 물론이고 해방정국에서도 이들 중 상당수와 동지적 관계를 맺고 있었다.

이렇게 볼 때, 전남지역의 경우는 원래부터 서울청년회 계열의 세가 화요회 계열에 비해 강했던 지역이지만, 특히 1925, 26년경에 이르면 서울청년회 계열의 영향력이 사상단체, 청년단체를 중심으로 급격하게 확대되었다는 것을 알 수 있다. 이러한 영향력을 확실히 보여주는 것이 조선공산당의 조직 양상인데, 자세한 내용은 후술하겠다. 다만 1926년 중반경에 이르면 '제2차 조선공산당' 사건으로 인해 비교적 화요회 계열과 가까운 인사들로 구성되었던 동 조직의 전남 지역조직이 와해되었으며, 그 결과 서울청년회 계열의 정치적 영향력이 더욱 확대되었다는 것은 분명히 할 필요가 있다. 결국 이들이 1927년 봄에 결성된 제3차 조선공산당 전남도당의 주요 기반이 되었으며, '제3, 4차 조선공산당' 시기 전남도당이 주로 전남 서부지역에서 나타나는 이유이기도 하다.

지역기반의 편차와 파벌의 연관성을 정리해 보면, 전남지방에서는 비합법영역의 경우 이영민 등이 주도하는 조선공산당 측과 전도 등이 주도하는 서울청년회 계열이 대립하는 구도였다. 이러한 대립의 과정에서 선태섭은 어떻게 행동했을까? 이와 관련된 자료는 현재까지 발견할 수 없다. 그는 개인적으로는 동부지역 출신으로 이영민 등과는 기자대회 등을 통해 잘 알고 있는 관계였지만, 다른 한편으로는 정태중 등과의 관계 속에서 서울청년회 계열의 활동가들과 밀접한 관련을 맺고 있었다. 이와 같이 복합적인 네트웍 속에 그가 있었기 때문에 그의 선택이 궁금해지는 것이다. 또 각종 사상단체의 활동가 명단 속에서 그 뿐만 아니라 그와 함께 청년운동을 했던 사람들의 이름을 발견하기 어렵다는 것 역시 의문을 증폭시킨다.

이에 대한 해결의 단초는 당시 구례지역 사회단체의 움직임에서 얻을 수가 있다. 당시 전남지역에는 공개영역의 경우 조선공산당(화요파) 계열의 전라노농연맹(1924. 3. 19. 결성) 및 동부청년연맹(1925. 9. 15 ~ 9. 16. 발기)과 서울청년회 계열의 전남해방운동자동맹 및 전남청년연맹 사이에 사회운동의 주도권을 놓고 대립전선이 형성되어 있었다. 그런데 구례지역의 경우에는 두 계열의 조직을 모두 발견할 수 있다. 즉 조공 계열의 동부청년연맹에는 구례청년당(정태중)이 가입되어 있고, 전남청년연맹에는 선태섭이 관여하고 있는 구례청년회가 들어가 있다. 서울지역에서는 서울청년회 계열과 함께 했던 정태중이 조선공산당의 결성과정 및 청년단체의 활동에서는 화요회 계열과 함께 하고 있는 것이다. 그런데 앞에서 시술한 바와 같이 선태섭과 정태중은 매우 밀접한 관련을 맺고 있으며, 정태중이 선태섭의 사회운동 진출과정에서 그를 기존의 활동가들과 연결시킨 것으로 볼 수 있다. 이렇게 볼 때, 당시의 구례지역에서는 서울 쪽의 분파대립이 그다지 심각하게 나타나지 않았으며, 오히려 분파에 관계없이, 항일민족운동이라는 수준에서, 사회운동의 역량을 키우기 위해

노력하고 있었다고 평가할 수 있다. 이는 구례청년동맹의 설립과정에서
도 확인한 바 있다.

(2) 전남지역의 조선공산당 조직

1920년대 초반기 사회주의사상은 청년인텔리 층을 중심으로 급속도로
유포되고 있었으며, 민족운동의 진로와 관련하여 엄청난 파급효과를 발
휘하고 있었다. 이들은 다양한 이념으로 혼재된 채 유입되고 있던 사회
주의사상을 적극적으로 수용하면서, 동시에 노동자·농민들을 대상으로
자신들이 공부하고 있던 이념을 전파하기 시작하였다. 그러한 노력의 조
직적인 결과가 1924년 4월에 있었던 조선노농총동맹과 조선청년총동맹의
결성이었다. 이때부터 식민지 조선에서의 항일운동은 구체적인 대중적
기반을 확보하기 위하여 조직적인 활동을 전개하기 시작하였다(신주백,
1993: 114)고 평가할 수 있다.

이와 같이 전국적 차원의 대중운동 조직을 결성한 국내 활동가들은 마
침내 1925년 4월 조선공산당(책임비서 김재봉)을 결성하였다. 사회주의
자들의 입장에서 볼 때 조선공산당의 조직은 식민지지배로부터 벗어나
고, 기층 민중들이 주인이 되는 근대국가를 수립하기 위한 중심조직을 만
드는 것이었다. 이들은 먼저 중앙 조직을 결성한 다음 노동자·농민·청
년 등 대중들과의 결합을 위해 각 지역에 지방조직을 결성하고 활동을
전개하였다. 그런데 이와 같은 당의 결성과정에도 당시 사회주의 활동가
내부의 분파투쟁이 영향을 미치고 있다. 즉 조선공산당이 조직되었지만,
그것이 전체 사회주의 활동가들이 함께 모여서 만든 것이 아니라 화요회
가 북성회 일부 세력을 흡수하여 만들었던 것이다. 따라서 화요회 이외
의 활동가들은 거의 조선공산당에 가입하지 않은 상태였다.

1920년대 전반기에 전라남도의 대부분 지방은 이미 서울청년회의 영향권에 있었으며, 이들은 조선공산당 가입을 거부하고 있었다. 따라서 화요회계가 중심이 된 제1, 2차 조선공산당은 조공이 결성된 지 1년이 넘는 1926년 5월 당시에도 단지 광주, 순천, 광양, 구례의 네 지역에 야체이카를 설치할 수 있었을 뿐이었다. 서울청년회 세력이 절대적이었던 전남지역에 화요회계 조공 조직을 만들어낸 활동가는 신동호였다. 신동호에 의하여 조공에 가입한 노상렬과 최안섭 2인이 순천의 농민운동을 매개로 순천과 광양 및 구례의 활동가들을 포섭하는데 성공하였던 것이다(이균영, 1990: 118).

〈표 4-2〉 제 1, 2차 조선공산당 전남조직

전남집행위		
비서부	교양부	책임부
신동호	신명준	김기수
지역조직		
광주	광양	순천
최안섭 조준기 김유성	정진무 신명준 김완근	이영민 박병두 이창수
공산청년회 전남조직		
최안섭, 노상렬, 정순제		

광주	순천	광양	구례
최안섭 김재중 정홍모 최일봉	정순제 허영수	정순화	정태중

* 이기하(1976: 449). 전남집행위 및 지역조직과 관련된 표만 인용하였고, 공산청년회는 새로 표를 만들었으며, 이름 등이 틀린 경우는 바로잡았음.

원래 전남지방은 '1차 당'[15] 시기에는 정진무를 광양책임자로, 이영민을

순천책임자로 하여 이미 조직을 구축하였던 지역이다. '1차 당' 전남도당
은 대중 교양과 농민회 조직사업을 진행하였다. 그러나 '1차 당'은 1925년
12월 신의주에서부터 시작된 검거사건으로 인해 궤멸적인 타격을 입고
말았다. 그리고 당시의 검거선풍에서 피신한 사람들이 중심이 되어 제2차
조선공산당(책임비서 강달영)을 재조직하였다.

'1차 당'시기보다 '2차 당'시기에 당 조직이 확대되었던 구체적 내용은
도 기관의 설치였다. 전남지방의 경우 다른 여타 지방보다 당과 고려공
산청년회 조직에서 선진적이었다. 조선공산당 전남 도당 간부로는 책임
비서 신동호 외에도 김기수와 신명준이 그 직책을 맡았고, 고려공산청년
회 도 간부로는 최안섭이 책임을 맡고 정순제, 노상렬이 간부로 선임되었
다. 이외에도 전남도당은 3개의 야체이카를 조직하였다. 광주 야체이카
는 김유성, 조준기, 최안섭, 순천 야체이카는 이영민, 이창수, 박병두, 광
양 야체이카는 김완근, 정진무, 신명준 등으로 구성되었다. 고려공산청년
회도 전남에 4개의 야체이카를 조직했는데, 광주(최안섭), 순천(정순제),
광양(정순화), 구례(정태중)에 각각 배치하였다. 이러한 전남의 당과 고려
공산청년회 야체이카는 노상렬에 의해 지도되었는데, 노상열은 러시아에
서 들어온 당원으로 '2차 당' 7회 중앙집행위원회에서 순천지방에 파견된
조직원이었다(이기하, 1976: 442~445; 453).

전남의 조선공산당 조직은 도당 조직의 경우 1926년 5월 16일에 간부
회를 개최하였고, 고려공산청년회 간부회는 1926년 6월 8일에 각각 개최
하였다(김인덕, 1991: 52~53). 그러나 이들 조직들은 별다른 활동을 해보
지도 못한 채 붕괴되고 말았다. 일제의 감시망에 조선공산당 중앙 조직

---

15) 제1차 조선공산당은 '1차 당', 제2차 조선공산당은 '2차 당'으로 표기하였다. '3차 당'
및 '4차 당'도 마찬가지이다.

이 발각되면서, 지역조직들도 함께 붕괴되고 말았던 것이다.

이후 제1, 2차 당을 주도했던 인물들이 수감되어있는 상황에서 당 조직의 재건이 논의되기 시작하였다. 당 재건에 대한 논의과정에서 중요한 것이 제1, 2차 당이 갖고 있던 파벌적 경향에 대한 비판이었으며, 이것이 공개적으로 표현된 것이 '정우회선언'이었다. 그 구체적인 내용은 '분파보다는 운동 전체의 이익 강조, 대중의 교육과 조직 강조, 정치투쟁 강조, 이론투쟁 강조'로 이루어져 있다. 가장 중요한 것은 조선공산당 운동이 갖고 있던 파벌싸움을 지양하자는 것이었으며, 동시에 민족주의까지 망라하는 공동투쟁의 강조였다.[16] 이러한 분위기 속에서 김철수의 주도 하에 1926년 12월 6일 경성에서 제2차 당 대회가 개최되었으며, 당 조직의 재건이 결정되었다(김인덕, 1991: 56~59).

당시 전남지역에서 제2차 당 대회에 참여한 인물은 강석봉이었으며, 여기서 그에게 조공 전남도당을 재건하라는 임무가 주어진 것으로 보인다. 당시 그의 파트너는 김재명[17])이었다. 그는 강석봉의 권유로 1926년 7월 중순경 고려공산청년회에 가입하였다(신주백, 1991: 142). 강석봉과 김재명은 모두 전남지역에서 서울청년회 계열의 핵심적인 활동가들로 강석봉은 해방운동자 동맹의 주요 구성원이었으며, 김재명은 신우회의 주요 구성원이었다. 또 두 사람은 모두 광주청년회와 청년동맹의 핵심적인 구성원으로 전술한 바 있는 광주청년회와 광주노동공제회의 싸움에도 깊숙이 관여한 바 있었다. 이후 도당 조직 재건의 책임을 맡은 두 사람은 제3차 조선공산당 시기 전남지방에서의 파벌청산과 전위조직의 통일을 위한 활

---

16) 신간회의 조직 역시 이 선언의 영향을 받은 것이다.
17) 앞의 청년운동 부분에서 서술한 바 있지만, 김재명은 구례청년동맹 창립대회에 참석하였던 인물로 선태섭과는 매우 가까운 사이이다.

동의 선두에 섰다.

1927년 2월 초순경 당 중앙의 지시에 따라 강석봉, 유혁, 김재명은 조선공산당 전라남도위원회라는 조공 전남도당 지부를 결성하였다. 이때 도당 책임비서에 강석봉, 고려공산청년회 도 책임비서 겸 당 선전담당에는 김재명이 선임되어 역할을 분담하였다. 이들은 그때까지 서울청년회 계열에서 자신들과 함께 활동했던 활동가들을 확보하면서 당세를 확장해 갔다. 앞서 살펴본 바와 같이 제1, 2차 조선공산당 시기에는 전남 도당의 지역기반이 전남의 남동부지역, 즉 광주, 순천, 구례, 광양이었다. 이에 반해 제3차 조선공산당의 지역기반은 전남의 서부지역, 즉 광주(강석봉, 김재명), 담양(정병용), 장성, 영광(조용남), 목포(조극환), 완도(신준희) 등이었다.[18]

'3차 당' 시기의 전남 도당대회는 1927년 7월 25일~26일 광주읍내 광양여관에서 열렸다. 이날의 참석자는 강석봉, 김재명, 조극환, 신준희, 정병용, 유혁, 송종현 등이었다. 이 대회에서는 제반 안건에 대한 토의도 있었지만, 전국대회 출석 대의원으로 서태석을 뽑고 후보로 송종현을 선정하였다. 그런데 그 후 서태석이 당 대회 개최 예정의 내용을 누설하여 당 중앙집행위원회가 비밀누설의 혐의로 출석정지 처분을 내렸고, 송종현도 파벌싸움 때문에 당 대회에 참석하지 못하여 결국 김재명이 참가하였다 (김인식, 1991: 63~64).

그러나 '3차 당'마저 1928년 1월 제3차 조선공산당사건(속칭 ML당[19] 사건)으로 붕괴되자 남은 세력들이 모여서 새로운 당을 재건하였다. 그것이 제4차 조선공산당이다. '4차 당'은 1928년 2월 27일부터 28일까지 이틀

---

18) 괄호 안은 군 책임자이다.
19) 맑스레닌주의를 연구한다는 의미로 ML당이라 지칭했다.

동안 개최된 제3차 대회에서 차금봉을 책임비서로 하고 김재명을 고려공산청년회 책임비서로 해서 조직되었다.[20] 당시는 제3차 조선공산당에 대한 검거선풍이 불던 시기였기 때문에 당대회의 개최 여부가 불투명한 상태였지만, 대회준비위원으로 선정된 이정윤, 김영식, 하필원, 안광천 등은 경성부 인근의 고양군 용강면 아현리 537번지 김병환의 집에서 전국대회를 개최하였다. 당시 12명의 참석자 중 전남지역의 대표는 김재명이었으며, 그 외에도 곡성 출신의 이정윤이 전 간부대표의 자격으로 참석하고 있었다(김준엽·김창순, 1986: 255~257).

이와 같이 재건된 조선공산당은 파벌 대립 등으로 별다른 활동을 전개하지 못하였다. 중앙조직과 지방조직 사이에 별다른 연결도 찾아보기 어렵다. 그리고 1928년 7월에 발생한 제4차 조선공산당사건으로 17명이 구속되면서 조선공산당은 또 다시 궤멸되었으며, 이것을 마지막으로 조선공산당은 완전히 해산되었다. 조선공산당의 해산을 가져온 요인은 무엇보다도 수차례에 걸친 일제의 탄압과 사회주의 활동가 내부의 분파 싸움, 그리고 조선공산주의운동에 대하여 새로운 조직건설의 방침을 발표한 코민테른의 12월 테제[21]의 영향이 주효했다고 평가할 수 있다(김인덕, 1991: 72~81).

제4차 조선공산당 시기에도 전남 지역에는 1928년 2월 제3차 전국대회 개최 이후 새롭게 진용을 정비하여 도 기관을 설치하였다. '4차 당'의 전남도당 책임비시는 목포지역의 활동가인 서병인이 맡았고, 고려공사청년

20) 조선공산당의 제1차 대회는 1925년 4월 17일에 열린 창당대회이고, 제2차 대회는 1926년 12월 16일에 이른바 ML당을 출범시킨 대회이며, 제3차 대회는 1928년 2월 2일에 시작된 제3차 조선공산당 사건으로 검거자가 속출하는 과정에서 제4차 조선공산당을 조직한 대회였다.
21) 이에 대해서는 앞의 신간회 부분에서 설명한 바 있다.

회 도 책임비서는 영광지역의 활동가였던 조용남이 맡았다(이기하, 1976:
521, 531~532). 그러나 일제의 탄압에 몰리는 상황에서 인적 구성이 원활
할 수 없었고, 그 결과 전남 도 기관에는 다양한 경력의 활동가들이 참여
하고 있었다. 전남지역에서 '3, 4차 조선공산당'을 주도하였던 서울청년회
계 신파는 물론이고, 구파에 해당하는 서태석과 정남국 등도 '4차 당' 전
남 도 기관의 구성원이었다. 그리고 이들 다양한 세력들 사이에는 여전
히 대립과 갈등이 존재하고 있었으며(김점숙, 1990: 20~21), 그 결과 별다
른 활동을 하지 못하였다. 그러다가 제4차 조선공산당사건으로 도 기관
역시 궤멸적인 타격을 입고 말았다. 이후 장석천 등을 중심으로 당 재건
이 준비되었지만, 그것 역시 광주학생운동을 계기로 끝나버렸다(앞의 책:
22~23).

　이 시기에 선태섭이 이들과 연결되고 있었는지는 분명치 않다. 하지만
바로 1년 6개월 후에 선태섭은 공산당재건운동에 투신하고 있다. 또 선태
섭은 전남지역에서 공산당 활동을 하던 이들과 이미 1920년대 초 · 중반
부터 동지적 관계를 맺고 있었으며, 활동의 기반을 공유하고 있었다. 그
래서 사실 선태섭이라는 이름이 이 시기의 공산당 관련 문서에서 발견되
지 않는 것은 이해되지 않는 부분이기도 하다. 그러나 훗날 그의 증언(인
천경찰서 심문조서)으로 판단하건대, 이 시기의 선태섭은 여전히 사회주
의사상보다는 민족운동에 강조점을 두고 있었던 것 같다. 즉 선태섭은
전남지역의 조선공산당 활동가들과 행동을 같이 하면서도, 신간회의 정
강에서 언급하고 있는 좌우합작 및 민족단일당 사상을 견지하고 있었던
것이다. 그리고 신간회의 해소운동이 전개되는 등 신간회가 민족운동의
대안으로서의 성격이 약해지면서 선태섭의 활동 역시 조선공산당 재건운
동으로 방향을 선회하였다고 보는 것이 옳을 것 같다.

전남지방에서는 1926년과 1927년에 두 차례에 걸쳐서 조선공산당 및 고려공산청년회 전남 도 기관이 조직되었고, 전자는 1926년 2차 조선공산당 사건으로, 후자는 4차 조선공산당 사건으로 궤멸되었다. 당시 당 관계자들은 주로 합법적인 대중운동단체에 가담하여 당의 방침을 관철시켰기 때문에 두 차례에 걸친 조선공산당 사건은 전남지방의 농민운동에 치명적인 타격을 가한 것이었다(김점숙, 1993: 86). 동시에 전남지역의 사회주의운동은 이후 노동자, 농민들의 조직화를 통한 당 재건운동으로 방향을 잡았으며, 그 주도세력은 1920년대에 사회주의운동을 전개했던 사람들과 광주학생운동으로 처벌을 받았던 사람들의 결합체였다. 선태섭 역시 1930년 이후 당 재건운동 및 노동자·농민의 조직화에 주력하고 있다.

2. 공산당운동과 선태섭

1928년 4차에 걸친 검거 끝에 조선공산당은 와해되었다. 그와 동시에 조선공산당은 국제공산당으로부터 승인을 취소당했다. 이는 그때까지의 공산주의운동에 대한 심각한 비판이었으며, 향후 새로운 형태의 공산주의운동을 지향해야 한다는 절대적 요구이기도 했다. 당시 기존의 공산주의운동에 대해 거의 모든 공산주의자들이 인정하는 비판은 당의 대중적 기초가 취약하다는 것과 지식인 중심의 무원칙한 파벌투쟁의 해악이었다(이종민, 1991: 91). 1929년에서 1930년대 초반에 이르기까지의 당 재건운동은 이 같은 상황에서 전개되었다.

1930년을 전후한 무렵부터 '12월 테제'는 조선의 공산주의 활동가들에게 하나의 지침으로 작용하였다. 그 결과 전남지역에서도 1920년대 조선공산당 조직 및 활동경험을 바탕으로, 그리고 1920년대 전반에 걸쳐서 성

장한 사회운동의 역량을 토대로 두 가지 형태의 사회운동이 일어나고 있
다. 그중 하나는 당 재건운동으로 전국 수준에서 전위조직을 건설하려는
것이었다. 다른 하나는 지역단위에서 전위조직을 건설하여 노동자·농민
들을 조직하고 지도하려는 것이었다. 선태섭은 1930년대 전반기 동안 이
두 가지 형태의 운동에 모두 참여하고 있다.

(1) 1930년 전후의 당 재건운동

조선공산당의 궤멸 이후 1928년부터 1929년 사이에 기존의 파벌관계를
중심으로 전국 단위의 전위조직을 건설하려는 운동이 전개되었다. 서
울·상해계를 중심으로 한 조선공산당재건설준비위원회, 엠엘(ML)계 중
심으로 조선공산당재조직중앙간부, 그리고 화요계를 중심으로 했던 조선
공산당조직준비위원회 등이 그것이다. 그러나 선태섭은 이와 같은 거대
조직들과 함께 한 것이 아니었다. 이때까지도 선태섭은 아직 전국적인
공산주의자들과의 교류는 적은 편이었기 때문이다.

선태섭이 관여했던 공산당 재건운동은 일본에서 활동하던 김대욱, 최
기동, 정우상 등과 함께 전북지방을 중심으로 1930년 6월에 조직한 '준비
결사' 조직이었다(姜德相·梶村秀樹 編, 1972: 290~294). 선태섭이 이 조직
에서 맡은 일은 청년총동맹과 신간회 내에 공산청년회를 조직하고, 이들
조직의 헤게모니를 장악하여 민족 공동전선을 형성하는 것이었다. 그러
나 선태섭은 이러한 활동을 전개하던 중인 1930년 7월 치안유지법 위반
으로 경기도 경찰부에 체포되었다가 1931년 10월 서대문형무소에서 예심
면소로 석방되었다.[22] 이균영은 당시 광양의 신명준(조선일보 광양지국

---

22) 이에 대해 후일 선태섭의 진술과 재판 판결문의 내용이 다소 다르다. 선태섭은 1930년
7월 검거되어 1932년 4월에 석방되었다가 1934년 6월에 노농협 사건으로 체포되었

장)과 하동의 김태수(하동청년회, 신간지회 간부), 구례의 선태섭을 매개로 30년대 당 재건운동 시 이 세 지역의 공동전선을 형성할 수 있었다(이균영, 1990: 119)고 평가하고 있다..

(2) 노농협의회 사건

일제의 탄압과 조직 자체의 문제로 인해 조선공산당이 붕괴한 이후 다양한 형태로 전개되었던 전국 단위 전위조직 건설운동은 1~2년 안에 모두 일제의 탄압과 여러 가지 비판 속에서 해체되었다. 비판의 핵심은 이들의 운동형태가 당시 조선의 운동역량에 맞지 않는 조직 내용을 갖는 것이며, 동시에 1920년대의 분파투쟁으로부터도 자유롭지 않다는 것이었다. 그리고 그 대안으로 새롭게 떠오른 것이 지역 단위의 전위조직 건설이었다. 이것의 핵심적인 내용은 지역 단위의 노동자·농민들을 중심으로 전위조직을 건설한 다음, 그것을 바탕으로 전국 차원의 전위조직을 건설한다는 것이었다(김점숙, 1990: 27~34).

전남지방에서 그것은 먼저 협의회운동으로 나타나게 된다. 1931년 12월 광주에서 조직된 전남노농협의회(이하 '노농협')의 활동이 그것이다. 그런데 노농협의 조직적 뿌리는 ML계 활동가들이 주축을 이룬 조직의 계보, 즉 조선공산당재건설동맹(1931년 1월 결성) 및 동맹 해체 후 재구성된 조선공산주의자협의회(1931년 4월) 세력과 연결되어 있었다. 이들 그룹은 전남·북, 성남·북을 위시하여 함흥, 원산, 인천, 해주, 평양, 진남포, 대전,

___

다고 진술하였다(일천경찰서, 1957년 심문조서). 그러나 노농협 사건 관련 판결문에는 1930년 7월에 검거되어 1931년 10월 예심면소로 석방되었다가 1932년 3월에 정은찬 등과 보성적색농민부를 조직했다고 기록하고 있다. 아무래도 판결문의 내용이 맞을 것으로 판단한다.

영동 등에 조직을 두고 협의회의 통제 하에 지방조직을 확충해나가려 했다. 그 결과 이들 지역에는 다양한 형태의 조직들이 만들어지고 있었는데(이종민, 1991: 108~110), '노농협'도 그 지역조직의 하나이다.

이기하(1976: 1339-1344, 1357~1361)가 정리한 내용에 따르면 '노농협'을 조직한 핵심인물들은 권대형, 김상혁(일명 김기선) 등 조선공산당 일본총국 관련자들로 조선공산당 사건 시 체포를 모면하고 국내로 들어온 사람들이었다. 이들 중 김상혁은 순천 출신으로 선태섭과는 1930년 전후부터 잘 알던 사이였다. 1931년 1월 강갑영과 김상혁 등은 우선 전남사회운동연구회라는 단체를 조직하였다. 그리고 이 단체를 거점으로 하여 전남내의 공산주의자들과 함께 도내 각지에 적색노동조합 및 적색농민조합 등을 조직하여 주의선전 및 동지 획득에 진력하여 왔다. 그리고 어느 정도 전남 각 지역에 조직이 만들어지자 1931년 12월 19일 광주읍 동동(東洞) 안래수 방에서 동 주의자 십 여명이 회합하여 전남 사회운동의 통제기관으로 전남노농협의회를 조직하였다. '노농협'의 부서별 책임자는 다음과 같다.

　책임비서 김호선
　정치부 박만춘, 조사부 김기선, 교육부 이응규, 출판부 윤승현, 재정부 박만춘,
　조직부 김호선, 김백동, 반제부 김준수, 농민부 윤승현, 노동부 김기선

구체적으로 조직상황을 살펴보면, 이 조직의 특성을 알 수 있다. 노농협은 특색있는 조직형태를 갖고 있었다. 중앙조직에 정치부, 조사부, 교육부, 출판부, 재정부, 조직부 등이 있는 것은 일반적이지만, 그 외에 민중들의 구체적인 삶과 관련된 부서를 두고, 해당 분야의 민중들을 조직하고 있다는 것에서 특징을 보인다, 즉 농민부 책임자 윤승현은 김재동, 정

시환 등과 상의하여 전남을 3구역으로 구분하고 각 구역마다 책임자를 두며, 제1구 책임자 김재동은 광주, 담양, 장성, 영광, 함평, 나주, 무안 등 7개 군을 분담하고, 제2구 책임자 정시환은 곡성, 구례, 광양, 여수, 순천, 고흥 등 6개 군을 분담하며, 제3구 책임자 윤승현은 화순, 보성, 영암, 진도, 해남, 장흥, 강진, 완도 등 8개 군을 분담하기로 한 것이다.

이들 각각은 적색농민조합을 조직케 하는 동시에 그를 지도하여 농촌에서 계모임 및 소비조합 등을 표면화하여 합법시하고 이면에서는 공산주의 선전 작업을 전개하였다. 그 과정에서 영암, 남평, 벌교, 옥과 등지에서 소작쟁의를 전개하였으며, 곡성군의 김씨 성을 가진 부자를 습격하여 쌀 120여 가마를 빼앗아 이를 분배하기도 했다. 이러한 활동의 결과 전남에서 노농협의 이름 아래 모두 17개의 노동자, 농민단체가 규합하여 활동하게 되었다. 물론 이들 조직들의 일부는 기존의 노동자, 농민조직들이 노농협의 취지에 동조하여 참여한 경우도 있고, 또 일부는 이들 활동가들의 노력으로 새롭게 조직된 경우도 있다.[23]

노농협은 1932년 2월 광주경찰서에 발각되면서 위기를 맞게 되었다. 광범위하게 이루어진 수사결과 전남 해남, 영암, 완도, 장흥, 강진을 중심으로 3개월간 주모자 김호선 외 117명의 관계자가 피검되었다. 이러한 수

---

23) 17개 운동단체의 조직명칭, 조직자, 조직시기는 다음과 같다. 담양적농(赤農)지부, 임종대, 31년 중; 보성적색농민부, 선태섭, 32년 3월; 벌교면위원회, 김영재, 31년 중; 광주적색농민조합준비위원회, 김호선, 31년 12월; 독서회, 이병식, 31년 11월; 농민문제연구-농민획득동맹, 윤승현, 31년 11월; 사회과학연구회, 최차도·조기원, 31년 10월; 광주노동조합, 송회갑, 31년 10월; 반제동맹, 안종욱, 31년 10월; 전남농민조합, 김재동, 31년 10월; 적로(赤勞)준비위원회재건위원회, 박만춘, 31년 10월; 우산민풍진흥회-농민조합, 송성수, 31년 9월; 노동자획득동맹, 김호선, 31년 7월; 독서회, 안종욱, 31년 7월; 적색노동조합준비위원회, 강갑영, 31년 5월; 사회운동연구회, 강갑영, 31년 1월(김점숙, 1990: 36).

사결과만 보더라도 이 조직이 매우 다양한 영역에 걸쳐 광범위하게 조직
되어 있었다는 것을 알 수 있다. 이렇게 검거된 사람들은 경찰, 검찰 및
예심 등을 경유하여 1933년 11월 18일 유관자 116명중 옥중 사망자인 김
준수를 제외하고 총 27명이 기소되었으며, 1934년 11월 27일 형을 언도받
았다.

최초 노농협이 조직되고 있던 시기에 선태섭은 이미 전술한 바 있는
당 재건운동 관련으로 수형생활을 하고 있었다. 그래서 선태섭이 이 조
직에 가담한 것은 1931년 10월 예심 면소로 서대문형무소에서 출소한 이
후였던 것으로 보인다. 재판기록에 따르면 선태섭은 출소 직후인 1931년
11월에 보성지역의 활동가로 이미 알고 지내던 정은찬 등을 방문한 기회
에 강환진, 구오현, 박기원을 공산주의적으로 지도 교양한 다음, 이들과
함께 1932년 3월 보성적색농민부라는 비밀결사를 조직했다고 한다(국가
보훈처 공훈전시관 사료관, 광주지방법원 1934년 11월 27일, 김재동, 선태
섭 등 26인의 치안유지법 위반사건 판결문). 이 시기는 이미 노농협이 발
각되어 수사가 진행되고 있던 상황인데, 그런 상황 속에서도 비밀결사를
조직한 것이다. 이 조직이 전남노농협의회를 구성하는 17개의 조직 중 하
나이다. 결국 선태섭은 1934년 6월 전남경찰부에 체포되었다가 같은 해
11월 27일 치안유지법 위반죄로 광주지방법원에서 징역 2년 언도를 받았
다.

당시 그와 함께 형의 언도를 받은 사람들 중에는 당시는 물론이고 향
후 전남지역 및 한국사회의 사회주의운동에서 매우 핵심적인 인사들이
포함되어 있었다. 해방정국에서의 활동으로 볼 때 가장 중요 인물로는
이정윤(2년), 박만춘(3년), 김영재(3년), 김백동(3년) 등이 있다(이기하, 1976:
1399~1344, 1357~1361). 이정윤은 해방정국에서 인민공화국 보건부장에 선

임될 정도로 전국적인 인물이었으며, 조선공산당 내에서 박헌영의 최대 정적 중 하나이기도 했다. 김영재와 김백동은 해방 이후 각각 조선공산당 전남도당 및 전남도 인민위원회의 핵심적인 인물들이었으며, 박만춘은 1948년에 일어난 여순봉기의 주요 인물이었다. 즉 노농협에 가담했던 인물들은 일제시대는 물론이고 해방정국에서도 전남지역 운동의 주도세력들이었던 것이다.

3. 1930년대 후반부터 해방될 때까지의 행적들

1930년대 후반은 일제가 전시동원체제를 형성하면서 군국주의적인 억압체제를 강화한 시기였다. 일제는 1937년 7월 7일 중국에 대한 침략전쟁을 개시하였다. 그리고 그 직후인 7월 27일 조선 각 도에 전시체제령을 하달하고, 이어서 1938년 5월 10일에는 조선에도 국가총동원법을 적용시켰다. 이와 동시에 일제는 '내선일체'라는 슬로건 아래 본격적인 황국신민화운동을 전개하였다. 1937년 10월 1일에는 '황국신민의 서사'를 제정하였고, 1938년 7월에는 국민정신총동원 조선연맹을 결성하였으며, 1939년 11월에는 조선인의 이름마저 일본식으로 바꾸려는 시도를 하고 있었다. 이와 같은 정세 속에서 사회운동에 대한 일제의 탄압이 얼마나 집요하고 악랄하였는지는 충분히 짐작할 수 있을 것이다.

이러한 정세를 반영하듯 일본에서는 사회운동의 지도자들이 자의건 타의건 간에 전향하는 사례가 많았다. 천황을 정점으로 하고 군부의 통치를 주된 내용으로 하는 일본의 군국주의가 극에 달하면서 이러한 전쟁상태가 야기한 이데올로기 통제가 사람들의 몸과 마음을 규율하고 있었던 것이다. 이러한 상황은 식민지 조선에서도 그대로 적용되고 있었다. 물론

일본과 식민지 조선의 상황 사이에는 상당한 차이가 발견된다. 한편에서
는 식민지라는 사정 때문에 조선에 더욱 가혹한 통제가 가해졌지만, 다른
한편으로는 천황 및 군부와 일체감을 과시하는 군국주의가 식민지 조선
에서는 그대로 적용되기에 한계가 있었던 것이다. 그 결과 일제에 저항
하던 사회운동 진영의 수많은 사람들이 이 시기에 전향하였지만, 그만큼
다양한 형태의 저항이 은밀하게 이루어지기도 했다.

　그렇지만 당시 정세의 엄혹함은 조선의 사회운동가들에게는 커다란 시
련이었다. 1935년 2월 말 일제 당국의 조사에 의하면 당시 국내 각지의
교도소에는 총 970명의 사상범이 수감되어 있었는데, 이중 전향자와 준 전
향자 합계가 567명으로 총수감자의 58.5%였고, 명백한 비전향자는 157명
(16.2%), 그리고 확인할 수 없는 경우가 264명(25.3%)에 그치고 있다(高等
法院 檢事局 思想部, 1935: 179). 한편 1938년 말에 조사된 것에 의하면 전
국의 사상범은 총 1,298명이었는데, 이중 전향자가 776명(약 60%), 심경불
명자가 322명이며, 명백한 비전향자는 200명에 불과한 것으로 집계되었
다(朝鮮總督府 警務局, 1938: 19-20). 이러한 자료에서 알 수 있듯이 1930년
대 후반기부터 1945년 해방이 될 때까지의 시기는 일본의 군국주의적 통
제가 극에 달한 시기였으며, 그 과정에서 수많은 사람들이 자신의 지조를
지키기 어려운 시기였다.

　그렇지만 이 시기에도 조선인들의 저항은 다양한 형태로 계속되었는데
그 저항의 일단을 보여주는 것이 당시 발생한 '사상사건' 및 치안유지법
사건의 발생추세일 것이다. 여기서 '사상사건'이란 치안유지법, 보안법,
출판법, 군기보호법, 육군형법, 폭발물취체규칙 등 특별법 위반사건과 형
법 중의 '황실에 대한 죄, 소요죄' 사건을 아울러 일컫는 말이다. 따라서
사상사건에는 온갖 조류의 반일운동, 즉 공산주의, 민족주의, 기타 자연

발생적인 항일운동이 포함되어 있다. 한편 치안유지법은 공산주의운동에 대한 탄압을 위해 입법, 운용되었음을 고려할 때 그 위반사건은 일부 소수의 예를 제외하면 대부분 공산주의운동 사건으로 보아도 무방할 것이다. 다음 표는 일제 당국이 조사한 당시의 사상사건 및 치안유지법 위반사건 발생 상황이다. 그 내용을 분석하면 다음과 같다.

〈표 4-3〉 일제말기 사상사건 및 치안유지법 위반사건 발생 상황

연도	사상사건		치안유지법위반사건		
	건수	인원	건수	인원	인원/건수
1937	201	2,600	91	1,265	14
1938	196	1,829	82	987	12
1939	169	1,625	57	790	14
1940	119	641	43	286	7
1941	446	2,397	143	1,414	10
1942	586	2,872	172	1,528	9
1943(상반기)	319	1,338	117	990	8
합계	2,036	13,302	705	7,260	

* 고등법원 검사국. 『사상휘보』 제14·18·22·26호에 실린 「전선사상사건연표」; 임경석(1991: 209)에서 재인용

표에서 확인되는 바와 같이 중일전쟁이 발발한 1930년대 후반기부터 1940년까지 치안유지법 사건은 점차 감소 경향을 띠며, 1940년에 최저 상태를 기록하고 있다. 이것은 치안유지법 위반사건의 건수와 관련자 수가 이 시기에 점차 줄어들고 있었다는 것을 의미한다. 이는 한편으로는 매우 엄혹해진 당시의 정세에 기인하는 현상이며, 다른 한편으로는 사회운동의 환경이 어려워지면서 많은 활동가들이 전향하거나 휴지기에 들어갔다는 것을 의미하는 것이다. 그런데 1941년 이후에는 그러한 흐름이 역전되기 시작하고 있다. 즉 태평양전쟁 시기가 되면 사건의 발생빈도 및 관

련자 수가 급증하고 있는 것이다(임경석, 1991: 208-210). 더 이상의 자료
가 없어서 분명하지는 않지만, 이러한 흐름은 일제의 패망 시기까지 계속
되는 것으로 보인다. 이렇게 볼 때, 1930년대 후반기에 억압적인 정세 및
각종 총동원정책 등 때문에 잠시 움츠려 들었던 조선의 사회운동은 1941년
태평양전쟁이 시작된 이후 다시금 활력을 찾고 있다고 평가할 수 있다.
다만 이 시기의 사회운동이 워낙 지하에서 비밀리에 전개되었던 관계로
아직 잘 드러나지 않고 있을 뿐이다. 그렇다면 이 시기의 선태섭은 어떻
게 살았을까? 이 부분 역시 자료가 부족하지만, 자신의 진술을 토대로 재
구성해보고자 한다.

(1) 위기에 처한 민족주의자

노농협 사건으로 2년 형을 받고 광주감옥에서 복역하던 선태섭은 1936년
3월에 출옥하였다(인천경찰서, 1957년 선태섭 진술서). 그런데 이 사실과 그
의 가족력이 일치하지 않는다. 그의 개인 이력을 보면 1935년 5월 26일 처
김문임과 협의 이혼하였고, 1935년 11월 5일에는 둘째 딸 덕례가 출생한
것으로 되어 있다. 이혼은 선태섭의 수감 중에도 가능하지만, 딸의 출생
은 불가능하기 때문에 딸의 출생연도가 맞다면, 선태섭은 최소한 1935년
초에는 출소한 상태여야 한다. 그러나 당시에는 출생신고 등을 정확한
날짜에 하는 경우가 드물었다는 점을 고려하면, 이러한 기록이 잘못되었
을 가능성이 충분히 있고, 선태섭 본인이 형기만료로 출소했다고 진술했
다는 점에서 형기를 전부 채우고 출옥한 것이 맞다고 판단된다.

이 시기 선태섭은 몸과 마음이 모두 망가져 있는 상태였다. 그는 노농
협 사건으로 수감되어 있는 중 경찰의 악독한 고문과 그에 저항하는 투
쟁으로 인해 건강이 심각하게 훼손된 상태였다. 또 그의 항일투쟁으로

▲ 선태섭의 결혼식 사진

인해 가정 형편은 말할 수 없을 정도로 처참한 상태였다. 더욱이 일제의 극악한 탄압으로 인해 선태섭과 같이 요시찰권에 들어 있는 인물들이 선두에서 해방투쟁에 나설 수가 없는 상황이었고, 이러한 현실 자체가 그의 의욕을 억누르고 있었다. 무엇보다도 해방을 위한 조직적인 전략전술이 부재한 상태에서 선태섭 역시 무엇을 해야 할지 알 수 없는 상황이었다. 이런 상황에서 그는 중국으로 건너가려고 시도했지만, 그 뜻을 실현할 수 없었다. 무엇보다도 그의 노모가 걱정이었다.

선태섭은 1940년 8월 11일 조선일보가 폐간될 때까지 구례지국장으로 근무하였다. 그 후 조선일보가 폐간되면서 잠깐 동안 실업자가 되었다가 친구가 경영하는, 서울 중학동에 소재한 대동산업주식회사에서 취체역(取締役)24)으로 일하게 되었다. 가족들의 호구지책을 위해 한 일이었지만, 그렇다고 가족들의 경제상태가 좋아진 것은 아니었다. 그러던 중 친구인 김종필의 협조로 1942년 6월부터 광의면에서 주조장을 경영하게 되었는데, 이때부터 가족들의 삶이 어느 정도 안정을 찾게 되었다.

주조장 운영으로 가족들의 경제적인 어려움은 해결하였지만, 그는 이 시기까지 자신의 활동방향을 명확하게 설정하지 못하고 있었다. 물론 이 것은 그의 책임이라기보다는 당시의 정세에 기인한 바 크다. 그는 훗날 자신의 자필진술서에서 이 시기를 가리켜 "국내 정세가 험악하여 혁명운 동이 퇴조기에 처해 있을 때에 있어 확고한 전략전술이 투철히 수립되어 있지 못한 나는 계속 전진을 활발히 하지 못하고 답보상태에서 초조한 생활을 하게 되었다(인천경찰서, 1957년 선태섭 진술서)"고 술회하고 있 다. 물론 이러한 상황은 비단 그에게 한정된 것은 아니며, 당시 수많은 활동가들이 같은 처지에 놓여 있었다.

▲ 광의면 주조장 자리

24) 오늘날의 용어로 하면 회사의 이사에 해당한다.

이런 상태에서 그가 선택한 방법은 합법적인 공간을 최대한 활용하여 나름대로의 활동을 전개하는 것이었다. 그는 "모든 합법성을 최대한으로 이용해서 농민사중의 당면 이해문제를 취급하여 사상적 ○수가 없이 농민사중들이 합법적으로 ○건히 움직여지도록 여론 환기에 주력하며, 민족문화 수호를 위하여 지식인들과 청년, 학생층의 자각을 촉구하기 위한 다종다양한 방법으로 예의 노력하였으며, 체육회장으로 은근히 양심적인 사람들에게 민족적 자각에 개안이 되도록 용의하였다(인천경찰서, 1957년 선태섭 진술서)." 그 결과 그는 구례지역이 다른 지역에 비해 민중들의 정치적 의식이나 행동이 뛰어났으며, 그 결과 극단적인 친일분자들과 관료들도 함부로 행동하지 못했다고 평가하고 있다.

그렇지만 선태섭은 이 시기의 자신의 행동에 대해 반성을 많이 하고 있다. 즉 자신의 모습이 그 이전에 비해 적극적으로 행동하지 못하고 있으며, 자기 가족들과 더불어 사적인 경제문제에 관심을 갖게 되었다고 술회하고 있는 것이다. 사회운동가로서 항상 조직적으로 활동하던 선태섭으로서는 개인적인 수준에서 이루어진 당시의 행동이 만족스럽지 못했던 것이다. 그리고 이러한 반성이 해방 직후 그의 자기비판으로 이어졌다.

그는 해방 직후 이 시기를 돌아보면서 해방투쟁을 중단 없이 철저히 수행하지 못했다는 점과 인민적 입장에서 양조장을 경영하지 않고 영리 본위로 되었다는 점 등 자신의 행동이 소부르주아적이었다고 비판하고 있다. 사실 당시의 정세 속에서 이 정도의 행동은 누구나 수긍할 수 있는 것인데, 그는 계속 이 부분을 반성하고 있는 것이다. 한 가지 유념할 점은 이러한 반성을 왜곡된 시각으로 보지 않아야 한다는 것이다. 그는 자신이 적극적으로 활동하지 못했다는 것을 자기비판하고 있지만, 자신이 전향문제나 창씨개명 등의 사안에서 일제와 타협하지 않고 끝까지 저항

했던 것을 자랑스럽게 생각하고 있었다(인천경찰서, 1957년 선태섭 진술서). 이러한 사실에서 알 수 있는 바와 같이 선태섭은 사회운동가로서의 자기 자신에 충실했으며, 끊임없는 자기비판 속에서 스스로를 단련하는 활동가였다.

  (2) 금란회 활동

  출소한 이후 선태섭의 행적으로 확인되는 최초의 활동은 1936년에 있었던 금란회(金蘭會) 조직이었다. 금란(金蘭)이라는 명칭은 형제간 같이 서로 다정하다는 의미이며, 따라서 금란회는 구례지역의 활동가들이 화합, 단결, 애향이라는 목적을 내걸고 만든 친목단체였다. 그래서 하는 활동도 1년에 네 번 정도 모여서 서로 이야기를 나누며, 즐기는 것이라고 하였다.

▲금란회원들의 사진. 뒷줄 왼쪽에서 세 번째가 선태섭이다.

하지만 이는 표면상의 목적이고 활동이었으며, 실제로는 일제의 감시를 피해 민족사상 및 배일사상을 고취하고, 그러한 사상의 토대 위에서 청소년을 지도하는 등 구례지역의 구체적인 현안에 대처하려는 지역 내 지도자들의 모임이었다. 현재 선태섭 외에 이 모임의 구성원으로 알려진 사람으로는 문창회, 김종필, 박준동, 강대인, 오재윤, 김성동, 한경석, 이동춘, 박만조, 김무규 등이 있다. 이들 대부분이 일제시기 구례지역의 여론주도층이었으며, 각종 현안에 대해 지역민들의 의사를 수렴하고 대변하는 역할을 했던 지역 사회운동의 지도자들이거나 유지들이었다.

금란회의 구체적인 활동내용은 아직 알려진 바 없다. 그렇지만 일제시기를 경험한 바 있는 구례지역의 노인들은 이들 금란회 구성원들을 잘 알고 있었으며, 이들이 청소년의 체육활동 등 일제시기에 다양한 방면에 걸쳐서 지역민들의 삶 속에서 지도적인 역할을 수행한 것으로 기억하고 있다. 예를 들면 어릴 적부터 축구를 했다는 한 노인은 선태섭을 사회운동의 지도자이면서 동시에 축구협회 회장이었던 인물로 기억하고 있었다.[25] 1930년대 후반기는 일제의 군국주의 통치가 극에 달한 시기이며, 또 중일전쟁과 태평양전쟁으로 이어지는 전쟁시기였기 때문에 조선인들의 사회활동이 극도로 제약되었던 시기였다. 이러한 시기에 금란회 회원들은 대중 속으로 들어가 가능한 선에서 항일민족운동을 지속하고 있었던 것이다(구례군지편찬위원회, 1987: 482~483).

(3) 드러나지 않은 사회운동의 실마리들
1930년대 후반기부터 해방될 때까지 사회운동과 관련하여 선태섭은 어

---

25) 실제 선태섭은 이 시기 민간단체인 구례체육회 회장이었다.

떠한 활동을 하고 있었는가? 표면상으로 보면 그가 무슨 활동을 전개하고 있었는지 판단하기가 쉽지 않다. 무슨 일로 그랬는지 분명치 않지만, 그는 1936년 10월 31일, 상해죄로 광주 지방검찰청 순천지청 검찰국에서 기소유예 처분을 받았다. 그의 진술서에는 이에 대해 1936년 9월부터 동년 말까지 지방조직 혐의로 전남도 경찰부에 피검되어 구례의 한 장소에 구금되어 있었다고 한다(인천경찰서, 1957년 선태섭 진술서). 그러나 이때의 지방조직이 무엇인지는 분명치 않다.

또 선태섭은 1938년 1월에는 비밀결사 혐의로 영광경찰서에 체포되었다가 같은 해 10월경 석방되었다(인천경찰서, 1957년 선태섭 심문조서). 이 사건 역시 무엇 때문에 체포되었는지 분명치 않지만, 선태섭에 따르면, 반제 전쟁 비밀결사 혐의였다고 하고 있다. 그래서 그가 이 시기 직전에 영광지역에서 있었던 대규모 검거사건과 관련되었을 것으로 추정할 뿐이다. 당시 영광지역에서는 1937년 9월 19일 길거리에 나붙은 '동방약소민족 옹호' '대한독립만세'라는 벽보의 배후를 색출한다는 구실로 231명이 검거되는 대규모 사상사건이 발생하였다. 실상 이는 다양한 방면에서 민족주의 성향의 활동을 전개하던 영광체육단 등 영광지역의 문화체육계 인사들의 활동을 탄압하기 위하여 일제 경찰이 조작한 사건이었다. 그 결과 7개월에 걸친 조사가 이루어졌고, 결국 1938년 4월 5일 위개후, 조운 등 24명의 인사를 치안유지법 위반죄, 내란죄, 폭력행위 등 취체에 관한 법률 위반, 보안법 위반, 육군형법위반 등의 죄명으로 기소하였다. 그러나 조작한 사건인 만큼 대부분은 검찰 조사과정에서 기소유예 또는 면소 처분을 받고 석방되었다. 다만 조운은 징역 10월, 남궁현은 금고 8월의 처벌을 받는 등 다섯 명만 실형처분을 받았다(박찬승, 2002: 405). 영광경찰서에서 선태섭을 체포한 것이 이 사건과 관련되었을 것이라고 추측하는 이유는 두 사건이 발생한 시기가 겹친다는 점과 그동안 선태섭이 보여주었던 활동범위 및 역량이 이러한 사건들과 관련되었을 가능성이 크기 때문이다. 실제 이 사건의 주요 인물 중 하나인 남궁현은 선태섭이 죽을 때까지 절친한 관계를 유지하고 있었다.[26]

한편 선태섭의 활동과 관련하여 아직 연관성이 드러나지는 않았지만, 선태섭과 친척관계로 구례지역의 후배 활동가인 선동기가 선태섭의 집이 있는 광의면 연파리에서 구성했던 조직활동을 주목할 필요가 있다. 선동기는 선태섭의 조카 항렬로 같은 집안이지만, 관계는 먼 편이었다. 그는 순천중학을 졸업한 후 일본대학 예과 2년을 수료한, 당시로 보면 최고의 엘리트교육을 받은 사람이었다. 그러나 대학을 수료한 다음 그가 선택한 길은 민족해방투쟁에 투신하는 것이었다. 그는 우선 자유노동자로 노동조합에 가입하여 일본에서 공산주의운동을 전개하였다. 그러다가 1932년 말 귀국한 그는 구례에 정착하였다. 당시 그는 선태섭이 조선일보 구례지국장을 맡은 것과 유사하게 동아일보 구례지국 일을 보면서 생계를 해결했다고 한다.

그러나 이는 표면적인 것이었고, 그의 본업은 사회운동에 종사하는 것이었다. 그는 정영한 등과 함께 민중적 수준에서 조선공산당을 재건할 수 있는 현장 조직을 만들기 위해 노력하였고, 결국 1933년 5월 이기택 등과 합세하여 조선공산당 재건 전남동맹을 조직하였다. 그리고 격문기관지 「적기와 우리 농민」을 발간하여 대 농민활동을 전개하기 시작하였다. 선태섭과 그가 인연을 맺기 시작한 것도 대략 이 시기일 것으로 추정된다.[27] 그의 활동시기 및 활동지역이 선태섭과 겹치기 때문이다. 당시

---

26) 선태섭의 아들과 며느리들은 선태섭이 출감한 1967년 이후 집에 자주 찾아왔던 남궁현을 잘 기억하고 있었으며, 매우 친밀하게 생각하고 있었다.

선동기는 조직활동의 일환으로 광의면 연파리와 마산면 청천리에서 농민
운동을 전개하였다. 그런데 두 지역 모두 선태섭과 인연이 깊다는 사실
을 주목할 필요가 있다. 광의면 연파리는 당시 선태섭의 주조장과 집이
있는 곳이고, 마산면 청천리는 선태섭의 태생지인 청내의 바로 옆 마을이
기 때문이다.

　아무튼 선동기는 1933년 2월 하순 동아일보 구례지국에서 구례 중앙일
보 지국장 서학종 및 이상암과 회합하여 농촌 적화를 도모하기로 합의하
였다. 그리고 이들은 그 목적을 실현하기 위하여 구례 농민지도부를 조
직하였다. 이들의 구체적인 활동을 보면, 먼저 서학종이 구례군 마산면
청천리의 리민계(里民契)를 지도하여 적색농민조합으로 개조하였고, 다
음으로는 이상암이 구례군 광의면 연파리를 담당하여 농민들을 조직하기
시작한 것을 들 수 있다. 그리고 세 번째는 선동기와 이상암이 조직 기관
지 「우리 농민」을 발행하고자 1933년 2월 연파리에 있는 이상암 집에서
등사판으로 「메이데이 기념일」을 잊지 말라는 제목을 붙인 삐라를 인쇄
하여 청천리 계원에게 나눠준 것이다. 마지막으로 네 번째는 선동기가
1933년 4월 20일 구례군 구례면 봉동리 자기 집에서 「열국 제국주의의 침
략전쟁 개시」와 「소비에트 러시아를 응원하라」는 문서 15부를 등사하여
그의 조직원들에게 나누어준 것이다(이기하, 1976: 1426~1432쪽).

　여기에 관련된 전남지역 인사들 및 그 형량은 김완근(1년 6월), 정영한
(3년), 정충조, 선동기(4년), 이상암(2년, 4년 집행유예), 서학종(2년, 4년
집행유예) 등이다. 이 사건은 아직까지 선태섭과의 관련성이 드러나지
않았지만, 핵심 인물들과 선태섭의 관계 및 운동이 발생한 지역 등을 감

---

27) 선태섭의 부인은 선동기를 시동생으로 대했다고 한다. 그래서 선동기를 선태섭의 조
　 카로 보는 사람도 있지만, 그것은 사실이 아니다.

안할 때, 선태섭이 어떤 형태로든 관련을 맺고 있는 것으로 판단된다. 그
런 만큼 앞으로의 연구를 주목할 필요가 있다.

한편 사회운동이 거의 불가능한 정세였지만, 주조장을 운영하기 시작
한 1942년부터 해방되던 무렵까지 선태섭이 그냥 주조장 경영자로 살았
던 것은 아니었다. 사실 주조장 운영은 그의 부인과 처가 쪽으로 처남뻘
이 되는 정양기가 담당하고 있었다. 그는 주조장을 운영하던 시기에도
집에 머무르는 경우가 많지 않았다. 그의 부인에 의하면, 선태섭은 이 시
기 가끔 집에 들어왔다가 돈만 챙겨서 나가기 일쑤였고, 그 때문에 부인
이 잔소리를 하는 경우가 많았다고 한다. 이 시기 선태섭이 돌아다니면
서 무슨 일을 했는지는 알려져 있지 않지만, 이때에도 과거 사회운동을
하면서 만났던 사람들과 네트웍을 유지하고 다녔던 것으로 보인다. 한
가지 예로 해방 직후 전남 인민위원회 위원장을 하게 되는 박준규가 이
시기 선태섭의 도움으로 지리산에서 숨어살았다고 한다. 이 일을 우연한
것으로 받아들일 수도 있다. 하지만 그보다는 당시 선태섭이 직접 해방
투쟁을 전개하기 어려운 정세 속에서 그나마 후일을 기약하면서 활동가
들과 끊임없이 관계를 형성하고 있었다는 것을 보여주는 사례라고 생각
하는 것이 타당할 것이다.

4. 그 외 각종 사회활동 및 전해오는 이야기들

(1) 향리에서의 후배 양성 및 경제활동

선태섭은 1930년대 후반부터 구례지역에서 주요 직책들을 맡기 시작했
다. 조선일보 구례지국장이라는 직위와 구례지역 사회운동에서 차지하는
위치 때문이기도 했지만, 달리 보면 정국을 조여 오는 군국주의의 억압분

위기 속에서 나름대로의 활동영역을 넓힌 것으로 볼 수도 있다. 그는 1930년대 후반에는 구례체육회 회장을 역임하고 있었다. 이는 금란회 등에서 추진하고 있었던 청소년 교육과 관련된 사안이었다. 구례지역의 노인들은 이 무렵 자신들이 축구 등을 할 때 자기들을 찾아와서 연설하고 격려하던 선태섭을 기억하고 있었다.[28] 당시 선태섭이 했던 연설의 내용은 "몸과 마음을 단련하여 조국에 기여하자"는 내용이었다고 노인들은 기억하고 있다.

이러한 활동은 조선일보사가 폐간된 1940년 이후 더욱 활발해졌다. 선태섭은 이 시기에 구례번영회 회장, 서울 중앙동 소재 대동산업주식회사 취체역, 순천 제면주식회사 취체역, 구례 금융조합 감사역 등을 맡고 있었다. 그리고 개인적으로는 구례군 광의면에서 광의주조장을 경영하고 있었다(인천경찰서, 1957년 선태섭 심문조서). 이러한 경력으로 인해 선태섭은 훗날 일제와 타협한 것은 아닌가하는 의심을 받기도 했다. 하지만 그의 진술서에는 이와 관련된 입장을 분명히 하고 있다. 그에 따르면 일제 말기 10여 년 사이에 방향전환 성명서나 창씨개명 등에 대한 강요를 수없이 당했으며 국방복 착용 문제로도 말썽이 있었지만, 그는 단 한 번도 민족적 지조를 굽히지 않았다고 밝히고 있다. 훗날 북에 가서도 이런 부분에 대한 비판을 받은 적이 없는 것으로 보아 선태섭은 적어도 일제에 굴복하거나 협력하지는 않았다고 할 수 있다.

한편 선태섭은 1930년대 중반까지는 매우 가난하게 살았었지만, 주조장을 운영하면서부터는 경제적 상태가 어느 정도 여유를 찾게 되었다. 단순히 끼니 걱정을 않는 정도가 아니라 재산도 모을 수 있어서 해방되던

---

28) 구례읍에 있는 쌀 저장창고에서 이름을 밝히지 않는 3~4명의 노인들에게 들은 내용이다.

▲ 일제 말 가족 및 친구 부인과 화엄사에 야유회 간 모습

무렵에는 기와집 6동과 주조장 1개소, 밭 3천 평, 논 1천 평, 임야 15,000평 등 직지 않은 재산을 갖고 있었다. 사회운동의 출구가 막히면서 오히려 경제적으로는 형편이 좋아진 것이다. 그리고 이 시기에 비로소 가정이라는 것을 제대로 꾸릴 수 있었다. 물론 그 전에도 가족이 있었지만, 그의 사회운동 참여로 인해 제대로 된 가정이 있을 수 없었다. 아이들도 태어나기 시작했다. 1938년에 큰 아들인 진규가 태어났고, 이어서 1940년 3월

5일에는 둘째 아들인 만규, 1942년 7월 12일에는 셋째 아들 봉규, 그리고 1944년 1월 28일 딸 숙자가 출생하였다. 그의 삶 전반에 걸쳐서 이때가 개인적으로는 가장 초조하고 불안정한 시기였지만, 가족들의 입장에서는 가장 행복했던 시기였을 것이다.

이 시기에 나온 또 하나의 일화가 있다. 그것은 시조 시인으로 유명한 노산 이은상이 선태섭의 도움으로 일제 말의 궁핍한 생활을 이겨냈다는 것이다. 당시 이은상은 전남 광양에 내려와 있었는데, 경제적 형편이 매우 어려웠다고 한다. 물론 당시는 대동아전쟁을 치르던 시기로 대부분의 사람들이 어렵게 살았지만, 농사를 짓거나 별다른 경제활동을 하지 않는 이은상은 더욱 어렵게 살았었다. 이때 선태섭이 매일 탁주 2통을 넣어주어서 부인이 그걸로 생계를 유지할 수 있었다고 한다. 이 이야기는 지리산 털보로 유명한 함태식이 전라선 기차 안에서 당시 한국산악회 회장을 하고 있던 이은상에게 직접 들은 회고담이라고 한다(문승이 증언). 선태섭과 이은상은 그 인연의 끈을 알 수는 없지만, 상당히 친한 사이였다. 그러나 둘은 가는 길이 너무 달랐다. 훗날 1970년을 전후한 시기에 둘이 만난 적이 있었는데, 선태섭이 이은상에게 "자네는 왜 푸른 집(청와대)만 좋아하는가?" 했더니, 노산이 "자네는 왜 감옥만 좋아하는가?" 했다고 한다. 둘의 관계를 보여주는 일화라고 할 수 있다.

(2) 지리산과의 인연

일제 말기 사회운동이 힘들어지면서 선태섭은 지리산을 자주 찾았다. 그는 지리산 자락에서 태어났으며, 그곳에서 성장하였고, 그곳을 기반으로 사회운동을 시작했으며, 힘들고 어려울 때마다 지리산을 오르내리며 위안을 얻었었다. 그는 지리산을 사랑하였다. 그래서 그는 일제 말기 고향에 머무르던 시절에 찾아오는 손님들이 있으면 지리산을 소개하였다. 그 손님이 유명인인 경우에는 가끔 이러한 일화가 신문에 나오기도 했다.

서춘의 경우가 대표적인 사례이다. 서춘은 일본 도쿄에서 재일본 유학생들이 거행했던 2·8독립운동 당시 실행위원 11명 중의 한 사람이었다. 그는 이 일로 체포되어 9개월의 금고형을 선고받고 도쿄감옥소에서 복역했었다. 그 뒤 귀국하여 1927년 동아일보사 기자와 경제부장 등을 역임한 다음 1932년에는 조선일보사로 옮겨가서 편집국장과 주필 등을 역임한 당시 언론계의 중진이었다. 일제시기 그는 우파 민족주의 계열의 대표적인 경제평론가로서 활동했었는데, 1936년 8월 5일자 조선일보에는 서춘의 '지리산 통로 구례'가 게재되어 있으며, 거기에서 선태섭과의 인연에 대하여 설명하고 있다.

"--- 정오가 조금 지나서 자동차는 구례에 도착했다. 구례지국장 선태섭 기타 여러 분의 안내로 구례 김종필씨의 사택을 빌어 머물게 되었다. 당일 오후 4시부터 강연을 마치고---. 24일 오전 8시에 구례인사 고재연, 문창회, 강대인, 박준동, 박덕서, 정택근, 최상문, 김학윤, 선태섭 등 9분과 동반하여 자동차로 화엄사를 향하여 출발했다."

이어서 같은 기사에 그와 선태섭이 함께 진주로 떠난다는 내용을 싣고 있다.

"익일, 즉 7월 25일부터 진주에서 개최되는 남조선축구대회에 참가할 구례 축구단에 대해서는 본보 구례지국장 선태섭씨가 구례체육회장이요 겸하여 금반 원행에 있어서는 본보 구례지국이 후원이든 관계로 선태섭씨도 일행에 참가하여 같이 떠났다."

한편 1938년 12월 5일부터 6일까지 조선일보에 연재된 최익한의 '지리산 명고'에서도 그와 선태섭의 인연에 대해 다음과 같이 밝히고 있다.

"일산(一山)으로서 이명 별칭이 많기로는 지리산이 유명하다. --- 구례인사는 산명에 대한 논란이 늘 분운(紛紜)하거니와 필자가 조사의 용무를 띄고 본향에 와서 있을 때에 본사의 지리산 탐승대 참가한 노산 이은상씨의 '지리산명호 논고'가 그 기행문 중에 마침 발표되어 숙문(宿問)의 논란을 더 한층 권기시켰다.

견식이 엷은 필자 이러한 고증적 논진(論陳)에 적극적으로 참가할 아무러한 의견도 가지지 못하였지마는 본향 사우의 신근(辛勤)한 질문과 더구나 나의 친우인 지국장 선태섭 군의 다사하고도 집요한 요청에 장탄의 본색을 일향(一向)히 지킬 수 없는 고충으로서 여좌(如左)한 소론을 적이 전개하는 바이다."

▲ 서춘의 강연 모습. 서춘의 왼쪽에 앉아있는 사람이 선태섭이다.

　최익한은 제3차 조선공산당의 대표적인 이론가로, 1927년 조선공산당
에 입당한 후, 조선공산당 일본부 결성을 주도했던 인물이다. 그는 신간
회 조직을 전후하여 '대중신문', '이론투쟁' 등에 방향전환론을 적극 주장
하는 글을 발표했었는데, 이 무렵 선태섭과 인연을 맺은 것으로 보인다.
제3차 조선공산당 시기에는 중앙당 조직부장과 선전부장으로 활동하다
가 1928년 2월 도쿄에서 체포되어 7년간 복역했다. 1935년 12월 석방된
후 '조선일보', '동아일보', '춘추'에 국학 관계의 글을 정력적으로 발표했었
다.[29] 이 글을 쓰던 당시에는 최익한이 조선일보 향토문화조사위원의 직
책을 맡고 있었는데, 이 글은 1938년 7월 28일부터 1938년 8월 4일까지 있
었던 조선일보사 주최 제4회 산악탐험단원(지리산)으로 참가한 경험담을
적은 글에 포함되어 있는 부분이다. 당시 산악탐험단원들은 〈표 4-4〉와
같이 구성되어 있었다.

---

29) 최익한은 8 · 15 해방 후 박헌영 노선에 반대하여 장안파(長安派) 공산당 · 사회노동
　　당 · 근로인민당 등에서 활동했고, 조선건국준비위원회 · 조선인민공화국 · 민족자주
　　연맹에도 참여했다. 1948년 남북협상을 계기로 월북하여 최고인민회의 제1기 대의원
　　을 지냈으나, 김일성종합대학에서 한국사를 강의하는 등 정치보다는 학술활동에 주력
　　했다. 저서로는 『조선사회정책사』(1947), 『실학파와 정다산』(1955) 등이 있다.

〈표 4-4〉 제4회 산악탐험단원 명단(지리산)

성 명	연령	직업	거주지	성 명	연령	직업	거주지
노 진	37	조선일보사 서무부장	경성부	이순삼	42	상업	경성부
강대석	32	조선일보사 사진부 주임	경성부	안태호	31	교원	경성부
최익한	42	조선일보 향토문화조사위원	경성부	김근호	32	도회의원	강화군
이은상	38	저술업	경성부	오영섭	37	교장	강화군
김양수	43	농업	경성부	금 철	33	신문기자	강화군
명 동	49	상업	경성부	박종무	23		경성부
송상익			함흥부	김종필	35	주조업	구례군
김형량	29	농업	황해도 안악군	문창회	36	실업가	구례군
이강수	41	교원	경성부	유자의	27		구례군
이 종	37	의학박사	경성부	백승기	30		구례군
이교순	39	화신백화점 사진부	경성부	선태섭	35	신문기자	구례군

▲ 지리산 등반_직전(피아골)의 오반(점심),
가운데 하얀 모자를 쓰고 있는 사람이 선태섭이다.

▲ 지리산 등반_반야봉 상의 일행,
오른쪽 끝에 있는 사람이 선태섭이다.

▲ 지리산 등반_경성역에 귀착한 일행(옛 건물 정문 왼쪽).
이 사진에는 선태섭이 없다.

V. 1945년 해방, 꿈을 향해 날다

1945년 8월 15일 일본 천황은 연합국에 무조건 항복하였다. 이로써 조선의 운명은 새로운 전기를 맞게 되었다. 당시 조선 사람들은 그 사건을 "해방되었다"는 말로 표현하였다. 그 말은 외세의 억압과 구속으로부터 풀려난 것을 의미하지만, 더 나아가 보다 포괄적인 사회경제적인 의미를 담고 있었다. 즉 그때까지 자신들의 삶을 억누르고 있었던 모든 것들로부터 벗어나려는 의지를 표현하는 것이었다. 해방을 계기로 민중들은 자신들의 삶을 짓누르고 있던 여러 봉건적인 잔재에서 탈피하려는 것은 물론이고, 소유 제도를 비롯한 각종 사회경제적 구조를 바꾸고자 하였다. 다시 말해 대부분의 조선인들은 일본의 항복을 자신들의 삶이 획기적으로 바뀔 수 있는 계기로 받아들이고 있었던 것이다.

그러니 사실 조선을 둘러싼 국제적인 환경 및 국내 사정은 그렇게 녹녹한 것이 아니었다. 무엇보다도 일본의 패망은 일본이 전쟁에서 연합국에게 패한 결과이지, 조선인들이 싸워서 얻은 결과가 아니었다. 그 결과 일본 패망 후의 조선은 연합국의 결정에 따라서 그 운명이 바뀔 수밖에 없는 처지에 놓여있었다. 즉 연합국에게 있어서 조선은 일본의 식민지 중 하나에 불과했던 것이다. 국내사정은 더욱 심각한 실정이었다. 적게 잡아도 36년, 을사늑약을 기점으로 하면 41년에 걸친 일제의 지배를 받으면서 반민족행위자들은 막강한 힘을 갖고 있었다. 또 자본주의가 어느 정도 진전된 상황임에도 불구하고 봉건적인 위세까지 갖고 있었던 사회경제적 지배층들은 모든 면에서 헤게모니를 장악하고 있었다. 이러한 정세 속에서 민중들이 기대하는 근본적인 사회변화는 그 전망이 불투명한 것이었다.

한 가지 분명한 것은 1945년의 '8·15'가 일본 제국주의로부터의 해방을 의미하는 것이지만, 동시에 미국과 소련이라는 두 외세가 남북한에 진주하는 계기가 되었다는 점이다. 즉 일본의 패망이 임박해오면서 일본군을 무장 해제시킨다는 명목으로 한반도의 38도선을 경계로 해서 미군과 소련군이 각각 남쪽과 북쪽에 진주하게 된 것이다. 이와 같은 분할점령은 2차 세계대전의 전개와 정세의 변화에 따라 두 국가의 전후 세계전략이 점차 구체화해가는 결과물이었다. 구체적으로 그 과정을 살펴보면 1943년의 카이로회담과 테헤란회담에서 최초로 한반도의 '40년간의 신탁통치'가 논의되었고, 1945년 2월의 얄타회담에서는 연합국이 공동으로 한반도를 군사적으로 점령해서 군정을 실시하기로 합의했었다. 그리고 1945년 7월의 포츠담회담에서는 남북분할점령이 결정되었으며, 전쟁의 막바지에는 분할점령의 경계선으로 38도선이 획정되었던 것이다.

이러한 연합국들의 논의와 결정을 거친 다음, 1945년 8월 8일 소련은 대일 선전포고와 함께 만주와 한반도 북쪽에서 군사행동에 착수하였다. 그리고 8월 16일 미국과의 한반도 분할 점령이 발표된 이후 본격적인 북한 진출을 시작하였다. 당시 북한에 진출한 소련군은 치스차코프 대장 휘하의 제25군 약 12만 5천명의 병력이었다. 북한에 진주한 소련군의 기본입장은 치스차코프의 포고문에 단적으로 드러나 있는데, 여기에서 그는 "조선인들이 자유와 독립을 찾았으며, 이제 모든 것이 조선인의 손에 달려있다"고 선언하고 있었다.

한편 미국은 소련보다 늦게 9월 8일 인천으로 진주하였다. 미군은 진주하기 이전에 몇 차례의 전단 살포를 통하여 미군의 남한 진주를 예고하였다. 남한에서 미군의 기본입장은 맥아더사령관의 포고1호에 잘 나타나 있는데, 여기에서는 "본관의 지휘 하에 있는 승리에 빛나는 군대는 금일 38도 이남의 조선영토를 점령하였다"고 선언하고 있다. 적의 영토 중 일부를 군사적으로 점령했다는 것이다. 이러한 판단이 우리나라 사람들의 일반적인 인식과 큰 괴리가 있다는 것은 부연할 필요도 없을 것이다. 그렇다고 소련이 한국민의 이익을 우선시했다고 볼 수도 없다. 자국의 이익을 가장 우선시하는 국제정치의 논리로 판단하면, 미국과 소련은 한반도의 정세 및 민중의 동향을 면밀히 분석한 다음 자기나라의 이익에 가장 부합하는 정책을 채택했을 것이다. 그리고 그 결과가 미국은 남한의 점령으로, 소련은 조선인의 손에 조선을 맡긴다는 것이었다.

이러한 정세 하에서 그나마 전망을 밝게 하는 것은 일제하 사회운동 진영에 대한 일반 민중들의 지지 및 성원이었다. 일반 민중들은 아주 당연하게 일제시기에 비타협적인 저항을 통해 지도력을 키워왔던 사회운동계의 활동가들을 신뢰하였으며, 그들의 리더십에 동의하였다. 그 결과 해방정국은 일종의 이중권력이 형성되었던 시기였다. 미군정 및 그 지원을 받아서 행정기구를 장악한 일부 조선인들이 공식적인 통치기구를 구성하였다면, 민중들의 삶 속에서 영향력을 행사하면서 다양한 형태로 일종의 통치력을 행사한 것은 사회운동진영이었다.

해방 당시 한반도에서는 일본의 항복에 따른 여파로 총독부 지배기구가 붕괴되었고, 그 결과 일시적이나마 권력의 진공상태가 초래되었다. 지배 권력의 부재 및 기존의 모든 질서가 힘을 잃은 상태에서 아래로부터의 엄청난 힘이 표출되고 있었다. 이러한 힘들은 매우 다양한 형태로 표출되었는데, 그것의 가장 집약적인 형태는 수많은 정치조직의 건설 및 새로운 국가건설 운동으로 나타났다. 아래로부터의 요구들을 관철하기 위한 방식이 정치조직이고 새로운 형태의 국가라고 생각했기 때문이었다. 이와 같은 정치조직 중 대표적인 것이 건국준비위원회(이하 건준)였다. 당시 건준은 중앙 수준에서는 물론이고 각 지방의 도, 시·군, 면 단위에 이르기까지 전국적으로 건설되면서 실질적인 통치행위를 담당했었다.

사실 건준은 해방 직전에 이미 그 구상과 조직이 논의되고 있었다. 즉 일본 총독이 패망 후 조선에 있는 일본인의 안전 등 여러 가지 대책을 숙고하다가 조선인에게 행정권 및 치안권 이양을 제안하면서 그 구상이 시작된 것이다. 8월 15일 아침에 총독부로부터 제안을 받은 여운형은 총독에게 ① 조선의 모든 사상범과 정치범을 즉각 석방할 것, ② 서울, 경기지방의 3개월분 식량을 비축할 것, ③ 치안유지 및 건설사업에 아무런 간섭을 하지 말 것 등 다섯 가지 조건을 제시하였다. 그리고 일제가 이 조건들을 모두 수락하면서 여운형의 주도로 건국준비위원회가 조직된 것이다. 중앙 건준의 위원장은 여운형, 부위원장은 안재홍이었다.

그러나 건준은 그것 자체가 완결된 조직이 아니고, 국가건설을 준비하는 과도적인 조직에 불과한 것이었다. 따라서 건준의 한계를 극복하고 민중들의 열망을 담아내는 여러 가지 개혁을 수행하기 위해서는 보다 체계적인 국가조직이 필요하였다. 더욱이 건준 조직 내에서는 우파와 좌파 및 민족주의자와 친일파라는 대립구도가 형성되면서 여러 가지 갈등이 나오고 있던 상황이었다. 뿐만 아니라 미군의 진주가 임박했다는 소식이 전해지면서 그러한 사태에 능동적으로 대처해야 할 필요성도 있었다. 이러한 제반 조건들로 인해 1945년 9월 6일 전국인민대표자대회에서 건준은 국가 형태를 띤 조선인민공화국(이하 인공)으로 대체되었다.

자주적 민족국가를 수립하려는 민중의 의지가 표출된 건준과 인공, 그리고 그 지방조직들은 비록 짧은 시간에 만들어졌지만, 폭넓은 지지를 바탕으로 하고 있었기 때문에 민족적 통일체로 자리 잡을 수 있었다. 하지만 곧바로 진주한 미군은 인공을 부정하였고, 이때부터 해방정국의 격랑이 한반도에 밀어닥치기 시작하였다. 10월 16일 이승만이 귀국하였고, 11월 23일에는 김구와 상해 임시정부가 귀국하였다. 이와 동시에 모스크바 삼상회의가 열리면서 신탁통치 문제가 표면으로 부상하였고, 한반도 내에서는 문제를 둘러싸고 격렬한 대립구도가 형성되기 시작하였다. 특히 그동안 별다른 활동을 하지 못하고 있던 친일세력 등이 신탁통치 반대를 명분으로 이승만 및 김구 등과 결합하면서 전체 우익세력을 망라하는 비상시국회의가 결성되었고, 이들과 인공 사이에서 대립선이 구축되기 시작하였다.

상황이 이렇게 급박하게 전개되고 있지만, 이에 대응해야 할 인민공화국 및 지방 인민위원회들은 미군정에 의해 1945년 말부터 그 활동이 정지되거나 제약을 받고 있는 상태였다. 또 애초 인공에 포함되어 있던 인물들 중 우익 성향을 가진 인물들은 이미 인공을 떠난 상태였다. 결국 1946년 초가 되면 인공은 존재 자체가 의미를 상실하고 있었다. 이런 상황에서 당시 정세에 적극 대처하기 위하여 1946년 2월 15일-16일 결성된 것이 '민주주의민족전선'(이하 민전)이다. 민전은 조선공산당을 중심으로 조선인민당, 독립동맹, 노동조합전국평의회(전평) 등 29개 정당, 사회단체 및 지역대표들이 참여한 조직이었다. 민전은 신탁통치 문제를 둘러싸고 비상

시국회의와 대립축을 형성하였으며, 미소공동위원회 및 좌우합작운동 등에서 좌파 진영의 의사를 대변하는 역할을 수행하였다. 그러나 민전 역시 1946년부터 본격화된 미군정의 좌익 탄압 속에서 점차 그 명맥을 유지할 수 없게 되었다.

선태섭은 이와 같은 해방정국의 상황에서 가장 극적인 모습을 보여주었던 인물이었다. 그는 해방과 동시에 구례지역은 물론이고 전남지역을 대상으로 활발한 활동력을 보여주기 시작하였다. 일제시기의 활동력을 바탕으로 일약 전남지역의 주요 활동가로 부상하였던 것이다. 그리고 나아가 전남지역의 대표로 서울의 주요 회합에 참가하면서 전국적인 수준으로 활동무대를 넓히기 시작하였다. 그가 해방정국에서 활동한 시기는 1946년 여름 월북하기 전까지 1년 정도에 불과하지만, 이 시기가 그의 삶에 있어서 가장 화려한 시기였다.

I. 구례지역에서의 활동

구례지역에서 건국준비위원회가 결성된 것은 8월 17일이었다. 구례에서는 해방 직전에 경찰서 관계자의 사전 연락으로 금란회 회원들이 구례 인근의 산 속으로 피신했었다. 무엇인가 중대한 일이 일어날 것 같으니 조심하라는 연락에 우선 몸을 피한 것이다. 이들은 산 속에서 해방이 되었다는 소식을 듣고 내려와 8월 16일에 구례주조합명회사 마당에서 해방을 경축하는 군민대회를 개최하였다.

이날 군민대회에서는 선태섭과 정태중이 해방의 감격 및 장차 독립국가의 민주시민이 된다는 내용의 사자후를 토했다. 당시 군민대회의 연설자가 선태섭과 정태중이라는 것은 그 의미가 큰 것이다. 즉 해방된 구례지역에서 상황을 주도하는 사람이 누구인가를 분명하게 보여주기 때문이다. 더욱이 이후 두 사람의 행로를 비교해보면, 당시 구례지역을 주도하던 지도자는 선태섭이라는 사실이 분명해진다. 즉 해방정국에서 정태중이 원로 대접을 받다가 여순사건 시 군인들에게 체포된 것에 비해 선태섭은 전남지역은 물론이고 전국적인 수준에서 활발한 활동을 전개하고 있기 때문이다.

구례지역에서 건국준비위원회가 결성된 것은 8월 17일이었다. 서울에서 여운형이 건국준비위원회를 결성한다는 방송을 한 날짜가 8월 16일이라는 사실을 감안하면, 구례지역의 건준이 8월 17일에 결성된 것은 이례적으로 빠른 것이다. 이는 구례지역의 사회운동 지도자들이 금란회 등을 통해 이미 상당한 수준의 네트웍을 형성하고 있었다는 사실과 다른 지역의 사회운동세력들과도 네트웍이 형성되어 있었다는 것을 보여주는 것이라 할 수 있다. 그리고 당시 활동가들의 면면으로 판단할 때, 그러한 네트웍의 핵심이 선태섭이라는 것을 쉽게 판단할 수 있다. 다른 금란회 회원들은 구례지역을 벗어나는 활동을 잘 하지 않았으며, 정태중은 1930년대 이후 일본에서 10년 이상 거주하다가 귀국한 지 얼마 되지 않았기 때문에 이런 판단이 가능한 것이다. 이날 결성된 구례지역의 건준 명단은 아래와 같다.

위원장: 황위현
부위원장: 강대인, 신진우
총무부: 박준동
농민부: 조찬영
선전부: 선태섭
조직부: 선동기

문화부: 김무규
재정부: 김종필
평위원: 한경석, 오재윤, 정택근, 김채진

▲ 구례주조합명회사 전경

이 무렵 구례지역 역시 갑작스런 해방으로 인한 무질서와 혼란이 있었 겠지만, 건준의 주도 하에 다른 지역에 비해 비교적 빠르게 질서를 회복 하고 있었다. 이는 무엇보다도 건준의 지도부가 일제시대부터 구례지역 에서 헤게모니를 장악하고 있었기 때문에 가능한 일이었다. 구례 건준의 지도부는 좌파 사회운동의 신·구세력은 물론이고, 자산가들인 지주세력 과 전통적인 토호세력까지를 아우르는 민족주의자들의 연합체였다. 신진 세력을 제외하면 1920년대 말에 좌우 연합체로 조직되었던 신간회가 그대 로 다시 등장했다고 해도 과언이 아니었다. 구체적으로 살펴보면, 1920년 대부터 구례지역의 사회운동을 주도하였던 선태섭과 강대인, 신진우, 조찬영, 박준동 등이 건준의 핵심을 구성하고 있고, 선동기 등 1930년대 이후의 사회운동 지도자들이 포함되어 있다. 또 김종필, 김무규 등 지주이면서 동시에 민족주의자로 분류할 수 있는 사람들이 참여하고 있었으며, 매천 황현의 직계인 황위현과 토지면의 유력자인 정택근(정태중의 조카)도 주요 직책을 맡고 있었다. 이와 같은 조직 구성으로 인해 구례 건준은 결성됨과 동시에 지역에서 실질적인 통치를 행할 수 있었다.

그러한 사실을 잘 보여주는 일화가 하나 있다. 해방이 되면서 구례지역에 주둔하고 있던 일본군들이 일본으로 귀국하기 위해 여수로 가려고 했다. 그런데 그 사실을 알고 정원모 등 구례지역의 청년들이 일본군을 가로막고 그들을 무장 해제시키려고 하였다. 물론 일본군 역시 그에 굴하지 않고 몰려든 청년들에게 총격을 가할 태세였다. 사태가 험악하게 흘러가고 있을 때, 선태섭이 나서서 일본군 지휘관과 협상을 하였다. 둘 사이에 오간 이야기까지는 알 수 없지만, 결과적으로 일본군과 그 가족들의 안전한 귀국을 보장하는 대신에 무장은 해제하는 것으로 되었다고 한다.[30] 결국 수많은 사람들의 인명이 손상될 지도 모르는 일촉즉발의 사태에서 선태섭은 일본군과 시위대 모두를 설득하여 모두에게 좋은 방향으로 상황을 바꾼 것이다. 이러한 일이 가능했던 것은 기본적으로 선태섭의 협상능력 때문이겠지만, 구례 건준의 지도부들이 지역민들에게는 물론이고, 일본인들에게도 그 권위를 인정받고 있었다는 것이 중요한 이유일 것이다.

이 사건에 등장하는 정원모라는 사람에 대해서는 첨언할 필요가 있다.

---

30) 이에 대해서 필자는 선태섭의 가족들에게 먼저 그 사실을 들은 바 있었지만, 확인하지 못하고 있었다. 그러다가 2000년 5월 18일부터 20일까지 구례에서 열린 동아시아평화인권캠프에서 만난 정운찬 씨에게 그 사실을 확인할 수 있었다.

그는 당시를 기억하는 수많은 사람들이 아까운 인재로 기억하고 있는 청년이다. 정원모는 1926년 구례에서 태어난 것으로 보이는데, 구례중앙보통학교 역대 졸업생 중 최고의 수재라는 평가를 듣던 사람이었다. 그는 매우 가난한 집안에서 태어났기 때문에 보통학교 졸업 후 상급학교로 진학하지 못하고 보통학교와 군청에서 급사생활을 했다고 한다. 그러다가 일본에 가서 수년간 고학생활을 했으며, 중도에 귀국하여 순천중학교를 다녔다. 그리고 순천중학교를 졸업한 후에는 1943년에 생긴 광주의학전문학교(현 전남대 의대 전신)에 진학했었다. 그는 동년배 사이에서는 물론이고 지역민들 사이에서도 신망이 두터웠던 사람이었는데, 위 사건에서도 알 수 있듯이 사회운동 진영에서도 핵심적인 활동을 했었다. 그러나 그의 활동내역에 대해서는 아직 알려져 있지 않다. 그는 1948년 여순사건이 일어나면서 경찰에 체포되어 구례읍 봉성산에서 총살당했다고 전해진다(함태식, 1995: 241~244).

2. 전남지역의 새로운 질서를 위해

(1) 전남 건준의 결성

선태섭이 구례에서 건준을 조직할 무렵, 광주에서도 유사한 일이 벌어지고 있었다. 1945년 8월 15일 일본천황이 항복 선언을 할 때, 전남도청에서도 야기지사를 비롯한 3백여 명의 직원들이 그 방송을 청취하고 있었다. 그리고 그 시점을 계기로 전남에서도 통치의 공백상태가 시작되었으며, 그에 대응하여 사회운동의 지도자들이 건준을 조직하기 시작하였다. 최초 광주에서 건준 조직을 주도한 사람은 국기열이었다. 그는 1910년대에 광주공립보통학교 교사로 근무하면서 훗날 전남 사회운동의 지도자가 되는 강석봉, 한길상, 최일숙 등을 가르친 적이 있었는데(안종철 등, 1995: 198), 이 인연 때문에 사회운동계에서 어른 대접을 받고 있었다. 또 동아일보 기자를 하다가 투옥된 경험도 있었으며, 해방 당시에는 총독부 기관지였던 매일신보 전남지사장을 하고 있었기 때문에 국내외 정세에 비교적 밝은 사람이었다.

해방 당시 국기열은 한길상의 집에서 강석봉 등과 함께 앞으로 할 일을 논의하였다고 한다. 그들은 조선의 해방이 연합국의 승리 때문에 이루어진 것이기 때문에 앞날을 예측하기 힘들다고 판단하였으며, 이에 대응하기 위해 전남 각지의 애국인사들이 모여야 한다고 생각하였다. 그래서 각 지역에 연락을 취하였고, 그 결과 최초 박준규의 집에서 건준을 조직하기로 결정하였으며, 그 후 여러 사람이 모일 수 있는 고광표 소유의 창평상회로 자리를 옮겨서 전남 건준을 조직하였다(이기홍의 미간행원고). 그리고 8월 17일 오전 11시 광주극장(현 무등극장 자리)에서 전남 건준이 결성되었다. 간부진은 아래와 같다.

위원장: 최흥종
부위원장: 김시중, 강해석
총무부장: 국기열
치안부장: 이덕우
재무부장: 고광표
선전부장: 최인식
학무부장: 신순언
산업부장: 한길상
조직부장: 김범수
청년부장: 주봉식(안종철, 1991: 73-74)

　최초의 전남 건준은 구성원의 면면을 볼 때, 좌파가 헤게모니를 장악하고는 있지만, 그래도 좌우합작의 성격을 갖고 있는 조직이었다. 전남 건준을 주도적으로 조직한 국기열, 김시중, 강해석, 이덕우, 한길상 등은 일제시기부터 각종 사회운동에 가담한 경험이 있으며, 그중에서도 사회주의적 성향을 갖고 있는 인물들이었다. 물론 위원장 최흥종은 기독교계 인사이며 지역 토착세력으로 광주 신간회 회장을 역임한 바 있는 우파 인물이었지만, 실질적인 활동을 하지 않는 일종의 명예직 위원장이었다. 우파 인물 중 핵심인물은 고광표였다. 그는 담양 창평의 대지주 출신으로 훗날 한민당을 결성한 김성수, 송진우, 백관수 등과 함께 일본 유학을 했던 경험이 있었다. 고광표는 건준이 조직되는 과정에서 자신의 창평상회를 사무실로 내어주는 등 적극적으로 활동했다. 하지만 치안대 조직 문제로 좌파와 갈등을 겪는 과정에서 그를 비롯한 우파 인사들이 건준을 탈퇴하게 된다. 이러한 움직임은 서울지역의 우파인사들이 한민당을 결성하는 것과 무관하지 않은 것으로 보인다. 실제 고광표는 건준을 탈퇴한 이후 광주·전남지역의 한민당을 결성하는데 주력하고 있다.

　최초 설립된 전남 건준에서는 선태섭의 이름이 보이지 않는다. 앞에서 살펴본 바와 같이 그는 당시 구례지역에서 건준에 참여하고 있었다. 최초의 전남 건준은 전남이라는 지역 명칭이 들어갔지만, 대부분 광주에 거주하는 인사들이 구성한 것이었다. 그래서 선태섭 등의 이름이 발견되지 않는 것이다. 그러나 전남 건준의 주요 인물들은 일제시기부터 선태섭과 함께 청년운동을 비롯한 각종 사회운동을 주도했던 동료들이었다. 더욱이 그는 그 전부터 이들과 네트워크를 형성하고 있었다. 앞장에서 살펴본 바와 같이 개편된 건준 및 인민위원회(이하 인민위) 위원장으로 뽑힌 박준규는 해방되기 직전까지 선태섭의 도움으로 지리산에서 요양을 했던 사람이었다. 결국 선태섭 역시 구례를 떠나 광주로 이사를 왔으며,[31] 건준과 인민위에서 활동하기 시작하였다.

선태섭은 8월 30일 구례 군민대회에서 구례군 대표로 선발되어 9월 2일에 열린 전남 도민대회에 참석하였다. 이날 대회의 핵심적인 쟁점은 두 가지였다. 하나는 유혁이 보고한 것으로 최흥종, 국기열, 김시중, 고광표의 이름이 한민당 발기인 명부에 있다는 것이었다. 이는 고광표가 다른 사람들의 이름을 도용한 것이었지만, 이 때문에 도민대회에서는 치안대 조직에 반대했던 우파 인사들이 궁지에 몰리게 되었다. 다른 하나는 건준 조직의 개편문제였다. 우파 인사들은 미군 진주에 맞춰서 건준의 간부들을 미국을 잘 아는 사람들로 바꿔야 한다고 주장한 데 반해, 좌파 인물들은 그러한 주장이 막 해방된 조선에 걸맞지 않다고 반박한 것이다. 결국 이 논쟁에서 좌파 진영이 승리하였고, 상임위원회를 개편하는 선거에서도 좌파가 2/3를 차지함으로써 거의 완전한 주도권을 장악하게 되었다. 이날 도민대회에서 개편된 조직구성원은 다음과 같다.[32]

위원장: 박준규
부위원장: 국기열, 김철

---

31) 선태섭의 둘째 아들인 선만규는 당시 아버지를 따라 광주에 와서 살았던 집을 기억하고 있다. 어렸던 시절이고 광주의 지리를 잘 모르는 상태였기 때문에 그 위치는 분명하지 않지만, 일본식으로 지어진 매우 큰 집이었던 것으로 기억하고 있다.

32) 이상의 설명은 기본적으로 안종철(1991: 72~79)을 참조하였지만, 1957년에 있었던 선태섭의 심문조서를 참고하여 내용을 보완하였다. 차이는 도민대회 날짜를 안종철의 책에서는 9월 3일이라고 한데 비해 선태섭은 9월 2일이라고 하고 있고, 개편된 건준의 간부 명단이 다소 틀리다는 것이다. 안종철의 책에 나와 있는 명단 역시 이익우의 기억에 의존하고 있는 것이어서 여기서는 선태섭의 조서를 중심으로 내용을 정정하였다.

총무: 장○○

치안: 이덕우

선전: 최○○

지방: 조병철

재정: 선태섭

상공: 조○○

양정: 장영규

교통: 불상(不詳)

문교: 김○만

(2) 전남 인민위원회로 개편과 재정부장 역임

한 번 개편된 전남 건준은 9월 초에 다시 한 번 인민위원회로의 개편이 진행되었다. 이는 1945년 9월 6일 미군이 진주하면서 중앙 건준이 그러한 정세에 대응하는 방안의 하나로 조선민주주의인민공화국(이하 인공)을 선포하였기 때문에 이 지역에서도 그에 따른 조치를 취한 것이었다. 전남 건준을 인민위로 개편하는 작업은 이 시기 이미 활동을 시작한 유혁, 김종선 등 사회주의 계열의 활동가들이 주도했는데, 선태섭 역시 그러한 흐름에 참여하고 있었다.

그런데 인공 선포에 대한 최초 그의 입장은 인공 수립에 반대하는 것이었다. 그는 인공이 선포되던 무렵 서울에 있었다. 전남 건준의 대표 자격으로 중앙 건국준비위원회와 유기적인 연관을 맺기 위해 서울에 와 있었던 것이다. 그는 6일 밤에 열린 회의에서 인민공화국 수립에 반대하는 동시에 각 정당, 사회단체를 총망라하여 연합정부를 수립하자고 강경히 주장하였으나, 자신의 주장을 관철시키지 못하였다. 오히려 그는 당시 인공 수립에 찬성하는 측으로부터 소부르주아적 견해를 갖고 있다는 비판을 받기도 했었다. 이런 상태에서 그는 9월 7일 중앙 건준의 대표 격인 이○○을 접견하고 앞으로 건준을 발전시키기 위하여 중앙과 각 지방 건준 사이에 끊임없는 유기적 관계를 가지도록 하자고 합의를 보았다(인천경찰서, 1957년 선태섭 진술서). 이 시기는 인공이 선포된 상태였지만, 아직 조직 개편이 이루어지지 않았기 때문에 여전히 건준으로 호칭하고 있었던 것으로 보인다. 그는 9월 14일 광주로 내려오는데(인천경찰서, 1957년 선태섭 심문조서), 아마도 9월 12일에 진행된 서울시 인민위원회 개편작업을 지켜보고 그 과정을 전남 건준에 보고하기 위해 귀향한 것으로 보인다.

전남 건준을 인민위원회로 개편하는 대회가 열린 것은 선태섭이 귀향하고 몇 일이 지난 9월 20일이었다. 개편대회는 각 군대회에서 선출된 대의원 1백여 명이 참석하여 진행되었다. 유혁이 임시의장을 맡아 회의를 진행하였는데, 참석한 각 군 대표에 대한 자격심사를 한 후 건준을 인민위원회로 개편한다는 취지에 대해 군 대표들의 동의를 구하는 방식으로 대회가 진행되었다. 이날 대회에서는 개편안은 별다른 이의 없이 통과되었으며, 조직부서 역시 건준의 간부들이 그대로 다시 선임되었다. 그리고 무임소위원 77명을 선출하고 대회를 종료하였다.

개편된 전남 건준과 인민위에서 선태섭이 담당한 업무는 재정부장이었다. 이는 그가 주조장을 운영하는 등 사회운동가로서는 드물게 사업에 대한 식견이 풍부하기 때문이었지만, 이와 함께 그의 운동성향 때문이기도 한 것으로 판단된다. 선태섭은 매우 폭넓은 인간관계를 형성해 왔는데, 그 중에는 그와 함께 사회운동에 종사하는 사람들은 물론이고, 어울리지 않을 것으로 생각되는 사람들, 즉 지주나 자본가로 분류되는 사람들도 친밀한 관계를 맺고 있는 경우가 많았다. 그는 단순히 그 사람의 사회경제적 지위만으로 사람을 평가하지 않았으며, 극단적인 친일행위를 하지 않는 한, 다양한 사람들과 매우 원만한 관계를 유지하고 있었다.

이러한 그의 성향을 잘 알 수 있는 일화가 하나 있다. 그것은 그와 서민호의 관계이다. 서민호는 고흥 출신의 대지주로 일본과 미국에 유학을 다녀온 경험이 있으며, 만능 스포츠맨이면서도 1943년 조선어학회 사건으로 투옥된 경험도 있는 인물이었다. 그는 해방이 되자 보성군 벌교에서 건국준비위원회를 결성하였는데, 그 과정에서 좌파 인물들을 배제하는 등 친미반공주의자의 면모를 보였다. 그리고 이로 인해 그는 광주에서 파견된 전남 인민위원회 소속 청년들에게 압송되어 광주 대화여고(현 광주여고) 건물에 구금되기도 했었다. 이때 서민호가 자신을 구금한 사람들에게 도 인민위원회 간부인 선태섭을 불러달라고 요구하였고, 연락을 받고 찾아온 선태섭은 그를 풀어주었다고 한다. 서민호와 선태섭이 어떻게 해서 인연을 맺었는지에 대해서는 알 길이 없지만, 둘의 관계는 1967년 선태섭이 출소한 이후에도 이어져서 1974년 서민호가 사망할 때까지 지속되었다. 사실 1960~70년대의 상황에서 간첩이었던 사람을 친밀하게 만난다는 것은 어려운 일이었지만, 서민호는 그에 개의치 않고 선태섭과 친밀한 관계를 유지하고 있었다. 서민호만 그런 것도 아니다. 1957년에 나온 선태섭의 심문조서에는 그의 수많은 인간관계들이 나오는데, 그 중에는 지주, 법률가, 정치인, 자본가 등 매우 다양한 계층들이 포함되어 있다. 이러한 인맥 및 경험 등을 감안하여 선태섭이 전남 인민위원회 재정부장으로 선임된 것으로 보인다.

선태섭이 재정부장 자격으로 수행해야 하는 일상적인 일은 전남의 각 군·면에 이르기까지 재정을 조달하고 지도하며, 양곡을 확보해서 조달하는 것이었다. 이와 함께 선태섭이 맡은 가장 중요한 일은 광주 종연방적의 관리였다. 종연방적은 일제시기 이른바 일본의 6대방(大紡, 면업에서 출발하여 재벌로 성장한 6개 대기업) 중 하나로 조선 내에서 최대의 섬유독점체로 꼽혔는데, 1930년 광주에 제사공장을 설립하고, 이어서 1935년에는 방적공장을 설립하였다. 해방되던 무렵 종연방적은 노동자 수가 5천여 명에 이를 정도로 화순탄광과 함께 최대 노동자 밀집지구이면서 동시에 가장 큰 산업시설이었다. 따라서 종연방적의 모든 시설은 이 지역의 가장 중요한 귀속재산으로 이것을 어떻게 처리하느냐에 따라서 새로운 국가건설 과정이 달라질 수도 있는 중요한 시설이었다. 또한 모든 생필품이 부족했던 당시에 종연방적에는 이곳에서 생산된 광목 등이 창고에 쌓여 있었고, 이러한 생산물의 처분 역시 당시의 정세에서 매우 중요한 문제였다. 지역의 새로운 통치기관으로 자리매김 하려는 전남인민위원회에서 이와 같이 중요한 시설을 간과할 수 없었을 것이고, 자신의 구성원 중에서 가장 적임자로 생각되는 선태섭을 그 자리에 앉힌 것이다.

▲ 광주부 임동에 있던 종연방적(훗날 일신방직, 전남방직)

선태섭이 종연방적과 관련하여 어떤 일들을 했는지는 잘 드러나 있지 않다. 그렇지만 해방과 인민위 건설 등이 갑작스럽게 닥쳐 온 상황이었다는 점을 고려할 때, 재정부장이 맡아야 할 가장 중요한 임무가 이들 정치세력들의 재정을 담당하는 것이라는 점은 쉽게 짐작할 수 있다. 당시 선태섭이 했던 일도 그런 종류의 일이었을 것이다. 그렇지만 귀속재산과 관련된 사항은 미군정에서도 가장 중요시하는 일이었으며, 미군정과 인민위 사이에서 벌어지는 가장 심각한 갈등도 이들 귀속재산을 둘러싸고 일어나고 있었다. 그 결과 미군정은 귀속재산과 관련된 사람들을 탄압하기 시작했으며, 선태섭 역시 그러한 탄압의 주요 대상자가 될 수밖에 없었다. 후술하겠지만, 인민위 재정부장으로 행했던 활동들이 원인이 되어 선태섭은 미군정 당국에 쫓기게 되었고, 결국 그 추적을 피해 월북을 할 수밖에 없었다.

(3) 신탁통치 문제에 대한 대응

해방 직후 한반도에서 가장 중요한 사회적 대립구도는 민족 대 반민족이라는 구도였다. 일제시기 일제 지배에 저항하면서 민족의 해방을 위해 싸운 세력들은 민중들의 지지를 토대로 활발한 활동을 전개한 반면, 일제 지배에 협력하거나 그것에 예속되었던 세력들은 불안 속에서 향후 정국의 추세를 주시하고 있었다. 그런데 이러한 구도를 한 번에 무너뜨린 사건이 발생하게 된다. 그것이 바로 신탁통치 문제를 둘러싼 논쟁 및 대립이었다. 사실 신탁통치 문제가 제기되는 과정을 살펴보면, 석연치 않은 부분이 많이 있다. 미군정 당국 내지는 정보당국에서 한반도의 정치지형을 바꾸려는 노력의 결과가 신탁통치 문제로 나타났다는 의구심이 있는 것이다.

해방 후 한반도에 대한 신탁통치 실시 문제가 처음으로 제기된 것은 그해 10월 23일 미국무성 극동부장 빈센트의 발언내용이 보도되면서부터였다. "--- 조선은 다년간 일본에 예속되었던 관계로 지금 당장 자치를 행할 준비는 되어 있지 않다. 따라서 미국은 우선 신탁관리제를 실시하여 그간 조선민중이 독립한 통치를 행할 수 있도록 준비를 진행할 것을 제창한다. 미국은 조선을 될 수 있는 대로 속히 민주주의적인 독립국가로 만들 작정이다. ---" 미소 양국 사이에 아무런 결정도 없었던 상황에서 나온 이 발언은 한국인에게 신탁에 대한 선입견과 고정관념을 불어넣는데 결정적인 역할을 하였다. 즉 좌·우익신문 모두가 신탁을 독립과 반대되는 개념으로 받아들여 대대적으로 보도하였던 것이다(광주일보, 1980년 4월 1일자 '현대사재조명' 13).

이 문제가 잠잠해진 12월 27일, 미국이 조선의 즉시 독립을 주장하는데 반하여 소련은 신탁통치를 주장한다는, 사실과는 전혀 다른 보도가 국내에 전해졌다. "미국의 태도는 카이로선언에 의하여 조선은 국민투표로써 그 정부형태를 결정할 것을 약속한 점에 있는데, 소련은 남북 양 지역을 일괄한 일국 신탁통치를 주장하여 38선에 의한 분할이 국민투표는 불가능하다고 하고 있다"(동아일보 1945. 12. 27). 실제 회의에서는 소련이 조선의 즉시 독립을 주장하고 있는데 비해 미국이 여러 가지 다른 방법을 생각하고 있었다는 사실을 상기하면, 어이가 없는 보도내용이었다. 이는 1946년 1월 초에 잘못된 보도로 판명되지만 한국인의 반소감정을 불러일으키고 반탁·반소운동으로 연결될 소지를 만들었다. 그렇다면 45년 말부터 정치투쟁의 주요 이슈가 된 신탁통치 문제의 진실은 무엇일까? 그것의 실제 내용은 1945년 12월에 미국과 영국, 소련의 외상이 모여서 한국문제를 논의하였던 모스크바 삼상회의의 구체적인 결정사항과 관련되어 있다. 모스크바 삼상회의의 결정사항은 아래와 같다.

1. 조선을 독립국가로 재건하고 장기간의 일본 지배로 인한 악독한 잔재를 청산하기 위하여 임시적인 조선 민주정부를 수립한다.
2. 조선 임시정부의 구성을 돕고 그를 위한 적절한 방책을 미리 만들기 위해 조선의 미·소 사령부의 대표로 공동위원회를 설립한다.
3. 임시정부와 민주단체들의 참여 아래 조선의 민주적인 자치정부의 발전과 민족적 독립의 달성을 위해 협력원조(후견) 할 수 있는 방책을 작성하는 것이 공동위원회의 임무이다. 공동위의 제안은 조선임시정부와 협의를 거친 후에 5년 이내의 기한으로 하는 조선에 대한 4개국 후견협정을 작성하기 위해 이 나라 정부들의 공동심의를 받아야 한다.
4. 2주일 내에 조선에 주둔하는 미·소 양군사령부 대표회의를 소집한다.

이상과 같은 내용에 대해 당시 우익진영은 신탁통치 문제를 대중의 민족적인 감정에 호소하여 「찬탁이냐 반탁이냐」로 단순화시켰다. 반면 좌익 진영은 해방의 타율적 성격과 국제정치적 여건을 고려할 때 일정기간 후견제는 불가피하다고 보고 문제의 본질을 통일임시정부의 수립에서 찾았다. 특히 이들은 후견제와 신탁통치는 서로 다른 제도라고 생각했다. 그러나 일반 민중들 수준에서는 이 문제를 합리적인 수준에서 이해하기 어려웠다. 민중들에게 신탁통치 문제는 독립이냐 아니면 다시 다른 나라의 지배를 받는 것이냐의 문제로 받아들여졌다. 따라서 그들의 선택은 분명할 수밖에 없었다. 그 결과 신탁통치 문제를 계기로 해방 직후에 형성되었던 민족 대 반민족의 구도가 반탁 대 찬탁의 구도로 바뀌게 되었고, 그 과정에서 좌파 헤게모니가 흔들리기 시작한 것이다. 이제 일제하의 반민족세력들이 해방된 조선에서 자기도 애국자라는 행세를 할 수 있게 되었다. 결과적으로 볼 때 미군정은 신탁통치 파동으로 생겨난 약간의 분열을 적절히 활용하여 좌익 진영에 대한 탄압의 구실로 삼았고, 우익세력은 이 반탁운동을 계기로 해방정국의 주도권을 장악하기 시작한 것이다.

이와 같은 정세 속에서 전남 인민위에서 핵심적인 역할을 수행하던 선태섭이 이 문제에 초연할 수 없었다. 그는 1945년 12월 모스크바 삼상회의에서 신탁통치 문제가 나오자 이에 완전히 공명하였다. 사실 모스크바 삼상회의에서 결정된 내용은 선태섭이 인공 수립 당시에 주장했던 제반 사회단체의 연합정부안과 비슷한 것이었다. 그런데 광주지역 역시 다른 지역과 마찬가지로 좌우익 진영 사이에 정면충돌이 일어나기 시작하였다. 즉 12월 31일 광주서중학교에서 반탁 시민궐기대회가 열리면서 좌익과 우익 사이에 충돌이 발생한 것이다. 사태가 이에 이르자 선태섭은 이 문제에 적극 대응하기 시작하였다. 물론 이러한 개입은 개인적인 수준이 아니라 조직적인 수준에서 이루어진 것으로 보아야 한다.

그 첫 번째 단계로 그는 1946년 1월 3일경부터 2차례에 걸쳐 광주에 있는 좌우익 각계 대표자들을 소집하여 연석회의를 개최하였다. 이날 회의에서 그는 신탁통치 문제는 우리 국가 민족의 운명에 관계되는 중요한 문제이니만치 국제, 국내 관계를 신중하게 고려하여 정확히 대처해야 한다고 주장하였다. 이날 회의의 구체적인 성과는 신탁통치 문제에 적극 대응하는 것을 목적으로 하는 '조선민족문제 통일협의회'가 조직 구성되었다는 것이다. 이러한 지역에서의 활동과 함께 그는 서울로 올라가 신탁통치 문제에 대한 올바른 대응을 위해 노력하였다. 1946년 1월 상순경에 신탁통치 문제를 논의하기 위하여 서울에서 각 도 인민위원회 대표자 대회가 소집되었는데, 그가 이 대회에 전남 인민위 대표로 참석했기 때문이다. 그리고 이 날의 대표자 대회에서는 모스크바 삼상회의에서 결정한 신탁통치 문제를 절대 지지한다고 최종 합의 결정하였다(인천경찰서, 1957년 선태섭 심문조서).

1946년 초에 있었던 민주주의민족전선(이하 민전)의 결성은 신탁통치 문제에 대응하는 연장선상에 놓여 있었다. 전남지역에서 민전 결성을 위한 최초의 모임은 46년 1월 27일에 있었던 '미소공동위원회환영 광주시민대회'에서였다. 그날 채택된 결의문에 "우리는 민주주의민족전선을 절대 지지 한다."는 구절이 있는 것이다(광주민보, 1월 29일자). 그리고 시민대회의 결의를 바탕으로 1946년 2월 15~16일 서울에서 개최된 민족주의민족통일전선 결성대회에 선태섭을 비롯한 전남 인민위원회 대표 14명이 참석하였다. 특히 선태섭은 이 결성대회에서 민전의 중앙위원으로 피선되었다. 또 그 대회에서 그는 해방 후 처음으로 미군정을 적극 비방하고 있다(인천경찰서, 1957년 선태섭 심문조서).

3. 조선공산당 창당에 참여

해방 이후 최초로 나타난 정치조직은 여러 청년조직들과 건준이었다. 이들 단체들은 갑자기 찾아온 해방공간에서 민중들의 정치적 욕구가 폭발하면서 나타난, 과도적 성격을 갖는 조직이라고 할 수 있다. 해방 이후 조선이 근대적인 국가로 발돋움하는 것이 당면한 과제라는 점을 생각할 때, 이들 과도적인 행정조직들은 근대 정치조직의 최고 형태라고 할 수 있는 정당과 유기적인 관련을 맺어야만 한다. 근대적인 정치구조에서는 민중의 정치적 욕구를 표출하는 가장 일반적인 제도가 정당이기 때문이다. 당시 서울에서는 물론이고 전국 어느 지역에서도 마찬가지였지만, 전남지방에서 가장 먼저 정당조직의 형태를 갖춘 것은 1945년 9월 15일에 결성된 조선공산당 전남도당이었다(안종철, 1993: 319~320). 이는 일제하 사회주의운동의 지도자들이 해방 직전에도 최소한 개인적인 수준에서는 다양한 네트웍을 형성하고 있었기 때문에 가능한 것이었다.

광주에서 해방 이후 최초로 조선공산당 조직을 재건하기 위한 준비모임이 열렸던 때는 해방된 지 불과 6일 밖에 지나지 않은 8월 21일이었다. 이토록 이른 시기에 당 재건 준비모임을 개최하였다는 사실은 이들 조직의 구성원들이 이미 상당 수준의 네트웍을 형성하고 있었다는 점과 함께 당시의 정국에서는 이들이 헤게모니를 장악하고 있었다는 것을 말해주는 것이라 할 수 있다. 이때 참석한 42명의 성원들은 일제시대를 거치면서 이미 대중적인 수준에서 그 지도력을 인정받고 있는 사람들이었다. 특히 1929년 광주학생사건과 그 이후에 발생했던 일련의 사회운동, 즉 1931년의 '전남노농협의회', 1932년의 '조선공산당재건전남동맹', 1933년의 '전남사회운동협의회' 등을 통해 당 재건운동 및 항일운동을 전개했던 사람들이었다. 대표적인 사람들로는 유혁, 선태섭, 윤석원, 선동기 등을 들 수 있는데, 선태섭 등 12명은 해방 전에도 나름대로 그룹을 가지고 있었다. 이들 외에도 박헌영과 관련된 활동가들도 여기에 참여하고 있었다. 조주순과 좌혁상이 대표적인 경우인데, 이들은 경성꼼그룹 사건 이후 1941년 12월부터 해방 직전까지 광주에 피신해 있던 박헌영의 지도를 받은 것으로 알려저 있다(신주백, 2004: 199).

한편 전남도당의 결성을 위한 또 다른 움직임이 있었다. 박헌영과 전남지역 조직원들의 연결선이었던 윤순달은, 1945년 8월 25일경 서울에서 박헌영의 측근인 김삼룡으로부터 광주시당과 전남도당을 재건하라는 지시를 받고 광주에 내려온다. 윤순달과 함께 광주에 내려왔던 사람들은

1939년에 결성된 경성콤그룹 조직원이거나 박헌영과 관련되어 있던 사람들로 윤가현, 고항, 김홍배, 이남래 등이었다. 이 밖에도 앞에서 언급한 조주순, 좌혁상, 김백동, 김영재 등도 여기에 포함된다(신주백, 1991: 275). 이들은 과거 함께 활동했던 조직원들과 연계를 가지면서 광주시 북동 등에 공산당의 조직과 관련된 벽보 등을 붙이며 선전활동을 벌였다. 그런데 이와 같은 움직임이 도 인민위원회에 포착되지 않을 수 없었다. 이들은 9월 13일 광주지역 치안대에 체포되어 도 인민위원회로 끌려갔다. 이들은 그 자리에서 도 인민위원회 간부에게 박헌영의 신임장을 제시하였다고 한다(이익우의 증언, 1989년 9월).

이때부터 조선공산당 전남도당(이하 전남도당)의 결성작업은 일제시대부터 광주전남지역에서 활동해왔던 활동가들과 박헌영의 신임장을 소지하고 있던 사람들의 연합으로 추진되었다. 이들은 전남도당을 조직하기 위한 기구로 먼저 15인으로 이루어진 준비위원회를 결성하였다. 준비위원회에 누가 들어갔는지는 분명하지 않지만, 대략 유혁, 선태섭 등이 기존 조직을 대표하고 있었고, 윤순달, 윤가현 등이 박헌영계를 대표하고 있었다. 이들은 내부 논의를 거쳐 위원장에 유혁, 조직부장에 윤가현, 선전부장에 윤석원, 노동부장에 이남래 등을 선출하였다. 그러나 전남도당이 정식으로 조직되기 위해서는 당 대회를 통해 인준을 받아야만 한다. 그래서 이날 결성된 전남도당은 임시적인 것이며, 구성원 역시 일제시대의 활동가들이 모인 열성자대회를 통해 선발하였다. 따라서 당 대회를 준비하기 위한 최소한도의 조직만 책임자를 선임한 것으로 보인다.

이와 같은 조직 구성은 당시 전남지역 사회주의 활동가들의 세력 분포를 보여주는 것으로 판단할 수 있다. 원래 전남지역은 1920년대 조선공산당의 분파 개념으로 본다면, 초기에는 서울파가 많았지만, 제3차 조공 이후부터는 ML계가 다수를 차지하고 있었다. 물론 이들 ML계는 그 대부분이 그 전에 서울청년회 계열로, 제3차 조선공산당을 만드는 과정에서 기존의 공산주의운동이 보여준 분파투쟁을 비판하면서 ML계라는 이름으로 새롭게 등장한 세력이었다. 이들은 공산주의자들의 통합을 주장하면서 등장했지만, 뿌리 깊은 분파싸움의 소용돌이 속에서 이들도 역시 또 하나의 분파가 될 수밖에 없는 형편이었다. 1945년 당시 중앙과의 관계를 볼 때 이들 ML계들은 이정윤의 영향을 받고 있었다.

이정윤은 일본 유학 중 사회주의운동에 투신한 사람으로 이후 서울청년회에서 활동하였으며, 제3차 조공(이른바 ML당)과 1931년 공산주의자협의회 및 전남노농협의회를 주도하다가 투옥된 바 있는 활동가였다. 그는 1944년에도 사회주의 활동으로 인해 체포되어 경기도 경찰부에 구금되어 있었는데, 구금된 상태에서 해방이 되었다. 이렇게 일제와 끝까지 투쟁하였다는 점 때문에 이정윤의 정치적 위세는 해방 당시 더욱 커진 상태였다. 이정윤은 해방 직후인 9월 8일 서울에서 열린 공산주의 열성자 대회에서 박헌영과 함께 당 재건을 하는 주요 책임자로 지명되었다. 하지만 박헌영의 독자적인 당 구성으로 인해 둘 사이에는 일제시대에 이어서 또 다시 파벌싸움의 금이 가기 시작했다.

이런 상황에서 조직된 전남도당의 위원장이 유혁이라는 것은 이 지역의 세력분포를 분명하게 보여주는 것이라 할 수 있다. 영암 출신인 유혁은 전남지역에서 ML계의 핵심적인 활동가라고 할 수 있기 때문이다. 물론 박헌영의 신임장을 들고 왔던 윤가현과 이남래가 조직의 중요 자리를 차지한 것은 박헌영의 이름이 갖는 권위에 근거한 것이지만, 전남지역의 활동가들은 다수가 일제시대의 사회주의운동에 뿌리를 내리고 있는 토착 사회주의 활동가였고, 해방 당시에도 이들의 네트워크가 전남도당 내에서 헤게모니를 장악하고 있었던 것이다.

임시로 결성된 전남도당은 1945년 12월 24-25일 목포 공화극장에서 도당대회를 개최하였다. 이 시기는 이미 미군정 당국 및 경찰당국이 좌익 활동가들에 대한 탄압을 시작한 시기였지만, 경찰 내부에 있던 프랙션들의 보호 속에서 당 대회를 개최할 수 있었다. 도당대회에는 각 군 대의원 100여 명이 참석하여 9월 25일 결성된 전남도당 지도부를 정식으로 인준하고 당증도 수여했다. 그렇지만 도당대회에 참여하는 대의원의 선발이 세포 단위에서부터 당원들의 선거에 의해 이루어진 것은 아니었다. 당시 미군정 및 경찰당국의 억압적인 태도와 분위기로 인해 그와 같이 민주적인 방식은 가능하지 않았다. 그 결과 당시 참석했던 대의원들은 각 지역에서 핵심적인 활동가들이 지명한 사람들이었다. 또 지역 수준에서 당 조직이 완료된 것도 아닌 상태였다.

선태섭은 최초 전남도당의 결성을 주도하는 15인 중 한 명이었다. 그러나 그가 정식으로 조공에 입당하는 것은 그 후였다. 그는 1945년 10월 20일 조선공산당 전남도당 광주시당에 입당하였다. 당 결성을 주도하던 시기에는 당이 없었기 때문에 그러한 절차가 필요했던 것이고, 또 당시 그는 도 인민위원회 등에서 활동하고 있어서 광주에 살고 있었기 때문에 광주시당에 입당한 것이었다. 그 후 그는 전남도당대회에 광주시당 대표로 참가하였으며, 이 자리에서 전남도당 재정부장으로 선발되었다. 당에서도 도 인민위원회에서 맡은 임무와 동일한 임무를 맡은 것이다. 그는 이제 도 인민위원회뿐만 아니라 전남 산하 각 군당에서 면당에 이르기까지 당 운영사업의 자금을 조달하는 임무도 맡게 되었다(인천경찰서, 1957년 선태섭 심문조서).

당의 재정과 관련된 선태섭의 역할은 비단 광주·전남지역에 한정된 것은 아니었다. 그는 1946년 5월경 당 중앙의 지령에 의해 당의 재정문제를 해결하기 위한 방편으로 영등포 공장지대에 위치하고 있었던 조선피혁주식회사에 상무취체역으로 취임하기도 했다. 구체적으로 어떤 과정에 의해 그가 그 자리에 갔는지는 분명하지 않지만, 그를 그 자리에 추천한 것은 이 회사 취체역인 최○○와 조선공산당 재정부장이었던 이관술이었다. 즉 중앙당의 결정에 의해 그가 그 자리에 취임한 것이다. 이후 그는 약 2개월 동안 당의 운영자금으로 당시 약 3십만 원가량을 중앙당에 제공하였다. 그리고 이러한 활동이 미군정 당국 및 경찰당국의 추적에 포착되면서 그는 한반도 남쪽에서 활동하기 어려운 처지가 되고 말았다.

한편 그가 도 인민위원회는 물론이고, 지역과 중앙에서도 당의 재정 분야에서 활동하게 되면서 그에게는 또 다른 어려움이 찾아왔다. 어려움은 두 가지였는데, 그중 하나는 큰 돈을 다루는 사람들이 흔히 겪을 수 있는 부정에 대한 의심이었고, 다른 하나는 당시 종파투쟁이 심각한 상황에서 자금을 다루는 그에게 종파적 행동을 강요하는 사람들이 많았다는 것이다. 이와 관련하여 그가 훗날 월북했을 때, 조선공산당 북조선분국의 정치위원을 맡고 있던 최익이 선태섭에게 돈을 어떻게 하고 월북했냐는 질문을 할 정도로 선태섭은 사람들의 시새움 반 의심 반의 시선을 견뎌내야 했다. 그리고 선태섭은 그러한 시선에 대해 매우 불쾌한 반응을 보이고 있다(인천경찰서, 1957년도 선태섭 진술서).

VI. 북으로, 그리고 다시 남으로

1. 북으로 간 선태섭

(1) 탄압을 피해 북으로

해방 직후 우리나라의 가장 중요한 정치적 과제는 식민지 지배기구를 척결하고 자주적 민주정부를 수립하는 것이었다. 또 경제적으로는 반봉건적인 토지소유와 파행적인 산업구조 등 식민지 경제구조를 청산하고 자립적 민족경제를 건설하는 것이 중요했다. 그러나 이러한 과제를 해결하는 방식에 대해 미국과 소련의 생각이 달랐고, 우리나라 안에서도 좌와 우가 달랐다. 이와 같이 상반된 입장은 귀속재산의 처리과정에서도 그대로 드러났다. 귀속재산은 조선 민중을 수탈하고 지배하기 위해 이 땅에 진출한 일제가 패망하면서 남겨놓은 재산이다. 그 규모는 해방 직후 남한 총자산의 70~80%로 추정된다. 총 경작토지의 10~14%, 주식회사 자본의 91%, 공업투자액의 94%가 귀속재산에 속했다. 또 산업시설도 중요한 시설 대부분이 귀속사업체였다. 따라서 귀속사업체를 어떻게 처리하느냐는 문제는 향후 국가건설의 기본 방향을 결정지을 수 있는 매우 중요한 사안이었다.

　그런데 귀속재산의 처리방향은 해방 전부터 독립운동 단체들 사이에서 어느 정도 합의가 되어 있었다. 1941년 11월 28일 상해임시정부의 공식기구를 통해 발표된 건국강령에는 귀속재산의 처리에 대한 기본적인 내용이 담겨 있었다. 그것은 "경제적 균등주의를 실현하기 위해 모든 토지는 국유로 한다. 대 생산기관과 기계는 국유화한다. 일체의 적산(敵産)은 몰수하여 이를 빈공(貧工), 빈농 및 무산자에게 분배하거나 국영 또는 공영화한다."는 내용이었다. 우파 독립운동 단체의 대표라고 할 수 있는 임시정부에서 이러한 강령을 채택했다는 것은, 당시 대부분의 사람들이 그와 같은 처리 방향이 옳다고 판단했었다는 것을 보여준다고 할 수 있다.

　그러나 해방 직후 한반도 남쪽을 통치하게 된 미군정의 입장은 이와 같은 조선 민중들의 입장과는 전혀 상반된 것이었다. 미군정의 귀속재산 처리방향은 군정의 직접 소유, 군정당국에 의한 관리인의 직접 임명, 그리고 자본주의 경쟁 원리에 의한 귀속재산의 불하라는 것이었다. 귀속사업체로 한정해서 본다면, 도 인민위원회가 귀속사업체를 접수한 다음 한국인 노동자들이 그것을 자주관리하고 있는 현실적인 움직임과 미군정 당국의 직접 관리라고 하는 통치 방침이 정면으로 충돌하고 있었던 것이다. 이러한 현상에 대해 미군정 당국은 매우 예민하게 반응하고 있었다. 미군정 당국 역시 귀속재산의 중요성을 잘 알고 있었으며, 이와 관련된 인물들에 대해서는 처음부터 매우 강력하게 대응하고 있었다.

　이러한 현상은 선태섭이 담당하고 있던 사업체들, 예를 들면 광주 종연방적이나 영등포의 조선피혁주식회사에서도 동일하게 나타나고 있었다. 해방 직후 선태섭은 광주시 임동에 있던 종연방적의 재산을 실질적으로 관리하면서 공장의 운영 부분은 노동자들에게 맡기고 있었다. 이들 노동자들은 일본인 기술자들을 강제로 붙잡아서 핵심 기술들을 배웠으며, 자기들 스스로 조직을 만들어서 공장을 가동하였다. 반면에 미군정 당국은 1945년 후반기에 발표한 일련의 군정 법령들을 통해 귀속재산의 소유를 분명히 하는 한편 미군이 진주하는 즉시 귀속사업체들의 금고출납을 정지시키고, 귀속재산과 관련된 인물들을 체포하는 등 다양한 방식으로 조선민중들의 자주관리운동에 대응하고 있었다. 선태섭 역시 이러한 미군정 당국의 방침에 의해 경찰에 체포되었다. 즉 선태섭은 1946년 7월 1일 전남 경찰국 직원들에 의해 서울에서 체포되어 종로경찰서에 구금되었던 것이다. 그러나 그는 취조가 시작된 지 3일째 되던 날 감시가 소홀한 틈을 타서 경찰서를 탈출하였다. 그러나 경찰서를 나왔다고 해서 선태섭에게 안전한 곳은 남한 땅 그 어디에도 없었다. 그는 결국 월북할 수밖에 없었다.[33]

1946년 7월 3일 경찰서에서 탈출한 선태섭은 그 날 바로 조선공산당 중앙당에 출두하였다. 그리고 부당수격인 이○○과 비서인 이○○,[34] 그리고 중앙위원인 김광수에게 전후사를 보고하였다. 이 자리에서 그는 월북할 의사를 표시하였고, 김광수 등은 그에 찬성하였다. 이때부터 그는 월북을 준비하였는데, 그 중간에 광주에 있는 집을 방문하여 가족들에게 자신의 의사를 전했다고 한다. 그의 큰아들인 진규의 증언에 따르면, 광주

---

33) 월북한 과정 및 북한에서의 생활에 대해서는 다른 자료가 전혀 없기 때문에 1957년 그가 남파되었다가 체포된 후 작성한 진술서 및 당시의 심문조서만으로 재구성하였다. 이 부분에 대해서는 더 이상 출처를 밝히지 않을 것이다.

34) 선태섭의 심문자료와 자술서는 관계기관에서 사본을 만들 때, 관련자의 명예를 존중하기 위해 이름을 지워버린다. 그래서 다른 자료를 통해 확인되거나 분명한 경우를 제외하면, 누구인지 알 수 없는 경우가 많다. 현재 인용하고 있는 부분에서는, 당시 조선공산당의 조직체계를 감안할 때, 이주하와 이승엽인 것으로 판단된다.

집에서 문을 열어놓고 모기장을 친 상태에서 잠을 자고 있는데, 아버지가
들어와서 통일되면 만나자는 말을 남기고 떠났다는 것이다. 그리고 그
뒤로 얼마 지나지 않아 경찰들이 들이닥쳤다고 한다. 당시 그의 부인은
구례 광의면에서 주조장을 경영하고 있었기 때문에 남편을 만나지도 못
했다. 이렇게 해서 그는 가족과 기나긴 생이별을 경험해야 했다. 또 북으
로 올라가기 전에 고향 친구인 문영회를 방문하여 그 집에서 기숙하면서
명동 소재 모 치과에서 이빨 치료를 받기도 했다.

   선태섭은 1946년 8월 15일 조선공산당 책임비서인 박헌영의 신임파견
장을 받은 다음, 동월 18일 북한을 향해 출발하였다. 구례군 출신으로 당
원이었던 김상균과 비당원인 유○○이 북행길을 함께 하였다. 이 무렵은
이미 38선의 경계가 강화되어 남과 북이 쉽게 오가기 어려운 실정이었다.
그는 당시 마포에서 배를 타고 옹진반도에 상륙한 다음, 그곳에서 북으로
올라가는 경로를 선택하였다. 옹진반도의 중간 부분을 38선이 지나가기
때문에 한국전쟁 이전에는 옹진반도의 남쪽이 미군정의 관할이었고, 마
포에서 그곳까지 여객선이 다니고 있었던 것이다. 옹진반도에 내린 선태
섭은 육로로 소련군 관할이었던 해주로 들어갔고, 그곳에 있던 도당을 경
유하여 9월 1일 평양에 도착하였다.

   그리고 9월 2일 북조선노동당(이하 북로당)[35] 본부에 파견신임장을

----

35) 조선공산당이 재건될 때에는 남과 북의 정세가 다른 점을 반영하여 조선공산당 북조
   선분국이 설치되어 있었는데, 1946년 초가 되면 그냥 북조선공산당이라는 명칭을 사
   용하였다. 그러다가 북한지역에 있던 북조선공산당과 신민당, 인민당이 합당하면서
   1946년 8월 30일 북조선노동당을 결성하였다. 그리고 남한에서도 이러한 흐름에 따
   라 1946년 11월 23일 조선공산당을 남조선노동당으로 개편하였다. 그리고 더 이상
   남쪽에서의 활동이 불가능하게 된 1949년 6월 남과 북의 노동당을 통합하여 조선노
   동당이 만들어졌다.

▲ 해방 직후의 38선 모습

제출하고, 당시 중앙정치위원 최○○, 조직지도부장 허가이, 간부부장 박 ○○ 등을 만나서 입북에 필요한 절차를 마쳤다. 이때 허가이는 선태섭 에게 당 중앙에서 재정분야를 맡으라고 권유했지만, 선태섭은 정치이론 수준을 고양하기 위한 공부를 하기 위해 그 제안을 거절했다. 그래서 그 에게는 당의 외곽단체 일이 맡겨졌다. 그는 1946년 9월 14일자로 북조선 직업총동맹 사회보험부장 대리로 임명되었다.

그런데 북에서 몇 달 머무르던 선태섭은 잠깐 동안이지만, 남한에 왔다 간 적이 있었다. 1947년 1월경 북한에서 남로당 대변인 역할을 하고 있던 이○○을 통해 남한에서 활동하고 있던 南○○이 선태섭을 소환했기 때 문이었다. 그는 1월 30일경 30세가량의 안내자를 대동하고, 개성을 경유 하여 2월 초순에 서울로 들어왔다. 그가 서울에 온 목적은 남로당의 재정 문제를 해결할 수 있는 방안을 찾으려는 것이었다. 당시 남로당은 미군 정의 탄압으로 매우 곤란한 지경에 처해 있었다. 그는 남로당 중앙위원으로부터 북한에 있는 관련 기구들을 해체하고 보다 능동적으로 대남 재정사업을 전개할 수 있는 새로운 기구를 조직 발족하라는 지시를 받았고, 이를 승낙하였다. 그리고 그 일을 추진하기 위하여 동년 3월 7, 8일경 안내자와 함께 개성을 경유하여 다시 월북하였다. 평양에 도착한 그는 남로당의 재정을 조달할 목적으로 만들어진 동방산업주식회사(평양시 중구 소재) 사장으로 취임하였다. 북한에서도 당의 재정과 관련된 일을 하게 된 것이다. 이 회사가 했던 일 중 하나가 당시 북한 화폐로 일 천 만원이라는 거액의 돈을 남로당에 제공한 것이었다.

(2) 북한에서의 삶

북한에서 그가 최초로 한 일은 월북한 직후인 1946년 9월 14일자로 평양시 중구 대환리에 있는 북조선직업총동맹에서 사회보험부장 대리로 취임한 것이다. 이때부터 그는 1946년 말까지 몇 달간 북한 전역에 걸쳐서 노동자 및 사무원 등을 대상으로 사회보험사업에 주력하였다. 그러나 당시는 남과 북의 대립이 점차 격화되면서 돌파구가 필요한 시기였다. 남쪽에서는 이승만이 공공연하게 남한만의 국가건설을 주장하기 시작한 시기이며, 1946년 10월에 있었던 '10월 인민항쟁' 이후 남로당의 전술도 미군정 당국 등과 본격적인 대결구도를 형성하기 시작한 때였다. 선태섭역시 이러한 정세에 휘말릴 수밖에 없었다. 더욱이 그는 사회주의 활동가들 중 드물게 보는 재정문제 전문가였다. 결국 그는 1947년 3월부터 남로당의 재정을 담당하는 동방산업주식회사 사장을 맡게 되었다.

동방산업주식회사는 오늘날의 재벌에 해당하는 기업체이면서 동시에 대남사업을 전담하는 조직이었다. 당시 북한 당국은 남로당에 대한 지원 및 남한과의 교역사업 뿐만 아니라 대외 무역사업을 관장하는 조직으로

이 회사를 설립한 것 같다. 그래서 이 회사는 산하에 몇 개의 생산기업소를 갖고 있었고, 남한과의 교역사업을 주관하고 있었으며, 중국의 각 지역 및 홍콩, 마카오 등을 대상으로 무역업도 수행하고 있었다. 또한 이러한 사업을 위하여 흥남, 해주 등 북한 내에서는 물론이고 대련, 남양 등 중국에도 여러 개의 지사와 출장소를 두고 있는 기업이었다. 그러니까 오늘날의 개념으로 한다면, 생산공장과 무역상사를 겸한 조직이면서 동시에 남한에서의 혁명운동을 지원하는 정보조직의 성격도 갖고 있는 조직이었다. 당시는 물론이고 그 이후 상당 기간 동안 북한은 하나의 시스템을 갖춘 조직에서 대외 교역사업과 남한을 향한 통일사업을 동시에 수행하고 있었다.[36] 이러한 사업체의 사장에 취임했다는 것은 당시 그가 남과 북 모두에서 인정을 받았다는 것을 의미한다.

그러나 동방산업주식회사 사장으로서의 역할은 그에게 경제적 여유와 명예를 가져다 준 것만큼 훗날 쓰라린 반성의 출발점이 되기도 했다. 그의 진술서나 심문조서를 통틀어 볼 때, 그의 인생 전반에 걸쳐서 이 시기만큼 그가 반성하고 있는 경우는 없는 것 같다. 그의 반성의 요점은 대략, 자신에게 주어진 경제적 특급대우와 멀리서 오는 손님들이 주는 선물, 그리고 빈번한 손님 접대 때문에 이루어진 요정 출입 등으로 인해 자기 통제력이 약화되었고, 사생활이 향락주의로 흐른 경향이 있었다는 것이다. 그리고 이러한 삶의 연장선 위에서 그 자신이 "해괴망측한 범죄"라고 표현한 사건이 발생하였다고 한다. 아직까지 그 진상이 분명하지는 않지만, 자신의 진술에 의하면, 선태섭은 1947년 7월에 발생한 '방화미수' 사건으로 인해 재판에 회부되었고, 결국 1년 반의 형사처벌을 받았다. 그리고

---

36) 이는 훗날 조봉암사건에서도 잘 드러난다.

이로 인해 조선노동당 평양시당에서도 제명처분을 받았다. 당시 그는 이 사건을 철저히 반성하면서 새로운 출발을 다짐하고 있다.

그가 자유의 몸이 된 것은 1950년 4월 27일이었다. 그리고 얼마 후 한국전쟁이 발발하였다. 대부분의 남로당 출신들은 당연히 전쟁 기간 동안 남쪽으로 내려가 전쟁에 복무했으며, 또 상당기간 남한에 수립된 인민공화국에서 활동을 했었다. 하지만, 다행인지 불행인지, 선태섭은 그 전의 형사사건과 그로 인한 출당조치 때문에 남쪽에 내려오지 않았다. 북한군이 밀고 내려오던 전쟁 초기에 선태섭은 평양에 머물고 있었다. 그러다가 인천상륙작전으로 전황이 역전되고 국군의 북진으로 평양이 함락되는 등 북한당국이 위태롭게 되면서 그 역시 북한 당국을 따라 그해 10월 10일 후퇴를 시작하여 중국으로 피난했다. 그리고 다시 전황이 북한에게 유리하게 바뀐 그해 12월 30일 평양으로 귀환하였다.

그래서 전쟁 초기 인민공화국이 수립되면서 선태섭이 내려올 것으로 기대하고, 기다렸던 가족들은 그를 만날 수가 없었다. 해방공간 및 제1공화국 시기에 말할 수 없는 고통을 당했던 선태섭의 부인은 북한군이 광주를 점령하고 있던 시절에 동향 사람으로 집안 친척이면서 당시 전남도당 선전부장을 하고 있던 선동기를 찾아가 선태섭의 행방을 물었다고 한다. 이때 선동기는 선태섭이 북에서 감옥에 갔으며, 그 때문에 내려오지 않았다고 대답하였다고 한다. 물론 감옥에 간 원인까지 부인이 알았던 것은 아니었다.

한편 선태섭의 진술서에 의하면, 이 시기에 선태섭이 남한 땅으로 내려올 수도 있었다. 1951년 1월 조선노동당 중앙 간부부장이 선태섭에게 빨치산으로 나갈 것을 지시하였던 것이다. 당시 그는 선태섭의 죄가 당의 정치노선을 배반하였거나 공적 재산과 관련된 것이 아니라 사생활과 관련된 것이고, 그 죄 값은 이미 감옥생활로 갚았기 때문에 전쟁과 같이 어려운 상황에서 당 사업을 열심히 해서 당원 신분을 회복하라고 했었다고 한다. 그러나 선태섭은 이를 거절하였다. 선태섭은 이미 40대 중반인 자신의 나이를 생각할 때, 빨치산에 가는 것이 적합하지 않다고 판단하고 있었다.

전쟁 기간인 1951년 4월 28일 선태섭은 북한 상업성 산하에 있는 평양시 사회급량 관리소의 창고담당으로 복무하게 되었다. 한 번의 실수(?)로 인해 과거 북한의 무역을 전담하다시피 했던 지위에서 한참 아래로 강등당한 것이다. 이 시기 그는 이러한 강등에 괘념치 않고 자신의 표현대로 "지위욕과 사심 없이 성심껏" 일하였다. 그는 정확한 물품출납이 이루어지도록 애쓰는 동시에 물건들의 부패여부 및 완전보관 등에 최선을 다하였다고 자평하고 있다. 그 결과 그는 열성당원으로 추대되어 1952년 1월 14일 북로당 평양시당에 재입당하게 되었다.

그리고 전쟁이 막바지에 이른 1953년 5월 1일에는 수차례에 걸친 본인의 고사에도 불구하고 동 관리소의 사회급량과장으로 승진되었다. 강등되기 전에 비하면 하위직이지만, 이 자리 역시 상당히 중요한 자리인 것으로 보인다. 예를 들면, 그가 수행했던 일 중 하나가 산하에 있는 평양시내 각 식당을 운영하는 것이었다. 즉 그는 다음과 같은 지침으로 평양시내 각 식당을 운영했다고 진술하고 있다.

1. 손님에게 봉사성을 높이는 동시에 친절성을 베풀 것
2. 급량사업의 교화성을 높일 것
3. 음식물의 질과 양을 소정 규격대로 보장할 것
4. 종업원의 탐욕이나 낭비현상을 근절할 것
5. 급량관리운영의 합리화

  6. 국가의 수익성을 높일 것

  7. 인민경제계획 과제의 완수

  그리고 이러한 활동이 인정을 받아서 선태섭은 1954년 1월경 북한의 국영 평양 서점(종로동 소재) 지배인으로 취임하였다. 이곳에서도 열심히 일을 해서 그는 또 다시 열성분자로 추대되었다. 그리고 2년 만인 1955년 1월에는 국영 중앙도서 배포소의 도서부원으로 승진되어 평양시내에 있는 중앙급 각 기관들에게 필요한 도서의 원만한 배정 및 도서 인수의 적정화를 도모하는 역할을 수행하였다.

  이 무렵에 선태섭은 1919년생인 이현옥과 다시 결혼하였다. 이는 선태섭이 북에서 낳은 아들들이 1955년과 1957년에 태어났기 때문에 가능한 추정이다. 한국전쟁이 끝나면서 북한에서는 월북한 사람들 중 혼자 사는 사람들에게 결혼을 적극 장려하고 있었다. 이렇게 북한에서의 삶이 굳어지던 시기에 선태섭에게는 또 한 번의 격랑이 몰아닥치고 있었다. 그것은 북한당국이 선태섭에게 남으로 가서 통일사업에 종사할 것을 권유하기 시작한 것이었다. 몇 번에 걸쳐 그러한 제안을 거절하던 그는 결국 그 제안을 승낙하였고, 그 결과 1956년 11월부터 중앙당 간부소에 소환되어 약 7개월간 대남 정치교육을 받았다. 그리고 1957년 8월 30일경 남쪽으로 내려와 그리운 가족이 있는 서울로 들어왔다.

  (3) 좌우갈등과 남은 가족들의 고통

  해방정국에서 나타난 우리나라의 사회적 갈등구조는 최초 일제시기의 행적을 중심으로 민족/반민족의 비대칭적인 구조가 형성되었다가 신탁통치 논쟁을 중심으로 좌익/우익의 적대적 대결구도로 재편되었다고 할 수 있다. 민족/반민족의 구조는 일제하에서 사회운동을 주도했던 인물들이 헤게모니를 장악하고 적극적으로 새로운 국가건설을 위해 나서는 반면 일제 통치에 적극 가담했거나 협력했던 사람들은 정치적 위상을 세우기 어려운 형편이었다. 그런데 신탁통치 논쟁은 이러한 구도를 일거에 반전 시키는 계기였다. 이제 신탁통치에 반대하는 사람은 애국자라고 주장하게 된 반면에 신탁통치를 찬성하는 사람은 매국노라고 비난할 수 있는 근거가 대중적 수준에서 만들어졌다. 문제는 찬탁을 주장하던 사람들이 대부분 일제하에서 사회운동을 주도했던 사람들 내지는 좌파계열들이었으며, 반탁을 외치던 사람들이 상당수 일제지배에 참여했던 사람들 내지는 우파계열들이라는 점이었다. 이렇게 되면서 일제시대에 고등계형사를 하면서 항일운동을 탄압했던 사람도 신탁통치에 반대하면 애국적인 인물로 둔갑하는 세상이 되었다. 즉 민족주의와 애국적이라는 단어의 의미가 혼란스럽게 된 것이다.

신탁통치를 둘러싼 논쟁 이후 우리나라의 갈등구조는 좌파와 우파 사이의 적대적인 대결구도였다. 보다 정확하게 말하면, 대중적 수준에서 헤게모니를 장악하고 있던 좌파에 대항하여 미군정 당국 및 경찰력의 지원을 받고 있는 우파세력들이 수단방법을 가리지 않고 헤게모니를 빼앗으려고 한 것이다. 그런데 일제하의 행적 때문에 정상적인 방법으로는 헤게모니를 빼앗는 것이 불가능했으며, 그 결과 사용한 방법이 백색테러였다. 1946년 광주의 '3·1절 행사' 과정에서 빚어진 좌파와 우파 사이의 폭력적인 충돌은 그러한 대결구조가 이제 폭력적으로 분출되기 시작했다는 것을 상징적으로 보여주고 있다. 그 대결의 시작이라고 할 수 있는 이른바 '일중(一中)사건'은 그러한 폭력적인 대립의 실상을 알 수 있는 대표적인 사건이다.

'일중'은 광주일중학교의 약칭으로 일제시기 및 그 이후의 광주서중을 칭하는 말이며, 오늘날 광주제일고등학교의 전신이다. 서중(西中)이라는 표현이 해가 지는 방위를 가리키는 것으로 일제가 한국인을 천시한데서 비롯되었다고 생각한 사람들이 해방이 되면서 그 명칭을 바꾼 것이다. '일중사건'의 발단은 그 학교 학생으로 '반탁학생연맹(이하 반탁학련)' 소속 학생들이 '3·1절 행사'에서 '신탁통치 결사반대'라는 플래카드를 들고 시위를 한 데 있었다. 당시 일중의 교칙과 광주교육연맹의 약정은 학교 내에서의 충돌을 막기 위해 '반탁'이건 '3상회의 지지'이건 일체의 정치적 구호를 내걸지 못하도록 규정하고 있었다. 또 정치단체들도 '3·1절 행사'를 잘 치루기 위해 일체의 정치적 슬로건을 내걸지 않기로 약속했던 상태였다. 그럼에도 불구하고 반탁학련 학생들이 반탁시위를 벌인 것이다. 이에 당시 훈육교사들이 이들을 제지하였는데, 학생들이 이에 불응하였다. 그러자 선생들은 반항하는 학생들을 때리면서까지 막으려 하였고, 학생들은 반탁운동을 함께 하던 청년들과 합세하여 이 선생들을 집단으로 구타하면서 일이 커지게 된 것이다. 이들 반탁 학생들 및 청년들은 선생들을 구타한 뒤 '3·1절 경축 시가행진'마저도 엉망으로 만들어버렸다. 당시 이 사건의 전개과정을 다루고 있는 「광주민보」의 기사들을 면밀히 검토해보면 몇 가지 주의할 점이 발견된다.

첫째, 반탁학련 학생들은 학교 교칙과 교육연맹의 약정, 그리고 선생들의 제지에도 불구하고 거의 도발적으로 시위를 전개하고 있다.

둘째, 독립촉성회 소속 청년단과 다른 반탁학련 학생들이 사건 현장 바로 근처에서 대기하고 있었으며, 이들은 처음부터 곤봉, 쇠파이프 등의 흉기를 소지하고 기념행사에 참가하였다.

셋째, 사건 현장에서 처음부터 끝까지 폭력을 목격한 사람들에 의하면 이들이 반탁이라는 구호 소리에 호응하여 일시에 달려들었다는 것이다.

넷째, 사건 현장에는 임석경찰을 비롯하여 많은 경비 병력이 있었지만, 이들은 자신들 앞에서 폭력사건이 벌어지고 있음에도 불구하고 전혀 제지하려 하지 않았다. 또 사건이 끝난 후에도 가해자는 한 명도 체포하지 않고 오히려 피해자인 선생들만 경찰서로 연행해 갔다.

이러한 제반 사실들과 함께 이 사건을 전후하여 일어난 사건들을 주목해야만 한다. 즉 1946년 1월 말부터 광주지역에서는 여러 차례에 걸쳐 반탁학련 학생들이 민주주의민족전선 사무실을 습격하거나 학교 내의 좌파 선생들을 축출하려는 행동들을 하고 있었던 것이다. 이렇게 볼 때, '일중사건'은 당시 학생들의 80%가 '삼상회의 지지'를 주장하는 상황에서 반탁학련 소속 학생들이 자신들과 대립하는 교사들을 몰아내고 자기 세력들을 증대시키기 위해 감행한 계획된 사건이었다고 판단할 수 있다. 더욱이 이러한 행동은 경찰의 직접적인 지원을 받았다. 또 사건 처리과정에서 드러난 경찰 및 미군정 당국의 태도 역시 반탁학련과의 긴밀한 관계를 보여주는 것이었다. 그리고 이후에는 서북청년단 등이 여기에 가세하면서 이와 같은 백색테러가 더욱 강력해지고 잔인해졌다.

한반도 남쪽에서 좌파와 우파 사이의 갈등이 심해지고, 백색테러가 자행되기 시작했다는 것은 선태섭의 가족들에게 큰 위협이었다. 1946년 여름 선태섭이 월북한 다음 선태섭의 가족들은 광주에서 구례로 내려와 있었다. 사실 그 전에도 주조장 운영 때문에 선태섭의 부인은 구례에 있는 상태였으며, 경찰이 들이닥친 광주 집보다는 아무래도 구례가 더 안전하게 생각되었기 때문이었다. 그러나 당시 한반도의 남쪽에서 선태섭의 가족에게 안전한 곳은 없었다. 선태섭의 가족들은 청년단 등의 계속되는 위협 및 폭력에 전전긍긍해야 했다. 심지어 선태섭의 부인은 막내 딸(47년생)

을 임신한 상태에서 우익청년단원들에게 끌려가 저녁 내 얻어맞기도 했다. 온 몸이 멍이 들 정도로 얻어맞았지만, 그래도 다행히 유산하지 않고 아이를 낳았다.

당시 선태섭의 가족들은 하루하루를 공포 속에서 언제 죽을지 모른다는 심정으로 살아야만 했다. 결국 어느 날 큰 길에서 광의면 쪽으로 트럭이 들어오는 것을 보고 선태섭의 부인은 그대로 가족들만 데리고 도망을 쳤다. 그 뒤로 선태섭의 가족들은 지인들의 도움으로 겨우 연명하는 생활을 할 수밖에 없었다. 이런 생활 속에서 선태섭의 어머니는 여순사건 다음 해인 1949년 겨울에 사망하였다. 손자 만규는 지금도 할머니가 생활고를 겪으면서도 손자들을 살리려다가 굶어 죽었다고 믿고 있다. 당시 배고픈 시절에 할머니가 밥을 먹지 않으면서 손자들에게 밥을 먹였고, 그러다가 할머니의 발이 부어오르기 시작하면서 약 한 번 쓰지 못한 채 사망한 것을 자신이 목격하였기 때문이다. 형편이 이런데다가 한국전쟁이 겹치면서 선태섭의 자식들은 교육을 별로 받지 못했다. 큰 아들만 외가쪽 도움으로 고등학교를 마쳤으며, 대학도 잠시 다녔지만, 다른 자식들은 학교 교육을 많이 받지 못했다.

한편 선태섭이 월북한 직후 가족들을 북으로 데려가려고 한 적이 있었다. 1947년으로 추정되는데, 선태섭이 사람을 보내서 가족들에게 북으로 오라고 했다는 것이다. 아마도 가족들의 안전이 걱정되어 그랬을 것이다. 그래서 가족들도 개성까지 가서 입북할 때를 기다리고 있었는데, 다시 사람이 와서 일이 잘못 되었다고 하면서 돌아가라고 했고, 가족들은 다시 남으로 돌아와야만 했다. 당시에는 가족들이 그 영문을 알지 못했지만, 아마도 이때가 선태섭이 북에서 형사사건에 휘말렸을 때인 것으로 보인다.

2. 다시 남으로

(1) 남으로 내려오는 과정과 체포

선태섭이 북한에 살고 있었을 때, 그에게는 남으로 내려가서 이른바 통일사업에 종사하라는 지시나 권유가 여러 차례 있었다. 전술했지만, 전쟁의 승패가 불분명하던 1951년 1월경에는 노동당 중앙당 소환에 의하여 빨치산으로 출동하라는 지시가 내려오기도 했다. 전쟁이 끝나가면서 분단이 현실로 드러나던 1953년 3월경부터는 약 5, 6차례에 걸쳐 노동당 중앙당 간부부의 소환에 의하여 대남 공작대원으로 남파하라는 지시가 있었다. 또 분단이 확정된 후인 1955년 9월경부터 1956년 10월경에 이르는 사이에는 10여 차례에 걸쳐서 노동당 중앙당 간부부의 소환에 의하여 대남 공작대원으로 남파하라는 지시가 있었다. 북한 당국은 선태섭의 경력이나 인간관계 등이 대남 공작에 적합하다고 판단한 것이다. 그러나 이와 같이 집요한 요구에도 불구하고 선태섭은 상당 기간 동안 확답을 하지 않았다. 그는 나름대로 당시의 정세와 조건 속에서 그가 남파되더라도 성과를 올리는 것이 거의 불가능하다고 판단하고 있었다.

그러다가 1956년 10월 말경 노동당 중앙당 간부부로부터 동일한 지시를 받고 이를 흔쾌히 승낙하였다. 이와 같이 승낙하게 된 배경은 두 가지였다. 하나는 계속되는 당의 지시를 개인적으로 거부만 하기는 어려운 상황에서 남쪽에서 1년 정도만 무사히 지내면 귀환을 허락해줄 것이라고 생각했기 때문이었다. 다른 하나는 가족에 대한 그리움, 특히 늙은 어머니를 보고 싶은 마음이 간절하여 혹시라도 가족들과 함께 살 수 있을 가능성이 있지 않을까 생각했기 때문이었다. 이러한 생각으로 그는 북한 당국의 요구를 받아들여 남쪽으로 내려가기로 마음먹었던 것이다.

이후 선태섭은 1956년 11월 초부터 다음 해 5월경까지 약 6개월간 이른
바 대남 정치 공작에 대한 밀봉교육을 받았다. 또 김재권이라는 가명을
사용하기로 하고, 그 이름으로 된 증명서를 부여받는 등 남쪽으로 내려갈
준비를 모두 마쳤다. 그런 다음 몇 번의 탐색 끝에 1957년 7월 말 해주를
거쳐서 배를 타고 남쪽 땅에 내려왔다. 이 날이 7월 31일이었다. 1947년
8월경에 월북한 다음 11년 만에 다시 한반도 남쪽에 선태섭이 나타난 것
이다. 그러나 그가 처한 상황은 두 시기가 너무나 달랐다. 11년 전에 북
으로 갈 때에는 미군정의 억압을 피해 북쪽에서 통일된 민족국가를 세우
려는 원대한 꿈이 있었다. 그러나 이번의 남행 길은 통일국가의 가능성
은 생각도 하지 못한 채 가족에 대한 그리움과 북한 당국의 강요가 크게
작용하고 있었다.

남쪽에 와서 그가 제일 먼저 한 일은 병원에 가서 진료를 받는 것이었
다. 그는 당시 오랜 위장병으로 몸이 쇠약한 상태였고, 만성적인 설사와
복통을 앓고 있었다. 또 당장에 의지할 곳도 없는 형편이어서 병원에 몸
을 숨기려는 의도도 있었다. 그래서 그는 먼저 세브란스병원 제1내과에
가서 진료를 받았는데, 빈 병실이 없어서 입원하지 못하고, 다시 혜화동
에 있는 수도의과대학부속병원에서 진료를 받고 8월 3일 이 병원에 입원
하였다. 그러는 도중에 그는 자신과 인연이 있는 사람들을 수소문하는
한편, 자신의 일을 도울 사람을 찾는 등 남한에서의 생활을 준비하였다.
이 무렵 그는 친구인 문영회를 방문하기도 했는데, 문영회가 자수를 권유
하자 거절하였다고 한다. 그러다가 8월 26일 체포되었다. 남한에 내려온
지 한 달이 채 되지 않은 상태에서 체포된 것이다. 어떻게 해서 체포되었
는지는 분명치 않지만, 그가 신문에 냈던 광고 때문에 정보당국이 그의
존재를 알았던 것 같다.

(2) 가족과의 재회와 감옥생활, 그리고 출소

선태섭이 남쪽에 있는 가족들과 만나게 된 것은 정보당국에 체포된 뒤였다. 가족들을 만나려는 일념이 남한 행을 결심하게 된 중요한 이유였지만, 정작 남쪽에 내려와서는 행동이 자유롭지 않은 선태섭이 가족들을 찾을 수 있는 방법은 아무 것도 없었다. 그래서 남한으로 와서 얼마 되지 않은 시기에 만난 오병목에게 가족들의 생사존망을 묻기도 했다. 오병목은 그가 과거부터 알고 지냈던 사람 중 남쪽에 와서 만난 몇 안 되는 사람이었다. 그러나 오병목에게서는 잘 모른다는 답을 들을 수밖에 없었다. 남한에서는 비합법적인 그의 처지 때문에 구례를 가 볼 수도 없었을 것이다. 그러다가 정보당국에 체포되어 피의자 신분이 되면서 그는 역설적으로 남한에서 사상범 피의자라는 사회적 신분을 회복하게 되었고, 가족들의 근황도 들을 수 있게 되었다. 당시 그의 가족들은 전쟁 당시 겪었던 처참한 생활을 딛고 서울에서 새로운 삶을 준비하던 때였다. 아들들이 성장하면서 전쟁 시기에 비하면 형편도 한결 나아지고 있었다.

북한에 있다고 알고 있었던 아버지가 남쪽으로 내려왔다가 체포되었다는 소식은 가족들에게는 오히려 기쁨이었다. 선태섭의 아들, 딸들은 전쟁의 처참함과 경제적 어려움, 그리고 '빨갱이 자식'이라는 사회적 냉대와 억압 속에서도 자신들의 아버지가 독립운동을 했다는 자부심 때문에 곧고 올바르게 성장할 수 있었다. 특히 철이 들었을 때 아버지와 헤어져서 아버지의 체취를 알고 있던 큰 아들 진규와 둘째 아들 만규는 아버지의 부재 속에서도 아버지를 지극히 존경하고 있었고, 아버지로부터 깊은 영향을 받고 있었다. 그래서 비록 간첩이라는, 당시 사회에서는 가장 심각한 '죄'로 체포된 아버지였지만, 그 아버지가 같은 하늘 아래 살고 있다는 사실만으로도 두 형제는 기뻐하고 있었다.

그러나 당시 선태섭은 가족들을 만난 것만으로 만족해야만 했다. 가족들 역시 아직 선태섭과 같이 살 수는 없었다. 선태섭은 이른바 죗값을 치러야만 했다. 선태섭은 1958년 1월 6일 서울지방법원 인천지원에서 국가보안법 위반으로 10년 징역형을 언도받았다. 사실 당시의 상황을 고려해 볼 때 선태섭이 법정에서 10년형을 받은 데 그쳤다는 것은 비교적 형량이 적었다고 할 수 있다. 그러나 선태섭은 이에 불복하였다. 그 자신은 스스로를 무죄로 여겼던 것 같다. 또 자신의 양심에 비추어볼 때, 자신이 남한 당국이나 민족에게 죄를 지은 것이 없다고 생각했던 것 같다. 그래서 그는 누구도 희망을 갖지 않는 상황에서 대법원까지 재판을 끌고 갔다. 하지만 반공이데올로기가 기승을 부리던 당시의 상황에서 그에게 다른 판결이 나올 수는 없었다. 그는 1958년 5월 3일 대법원에서 1심과 동일한 형이 확정되었고, 대전교도소에서 수형생활을 하였다.

대전교도소는 한국에서 좌익 사상범의 징역살이를 상징하는 장소라고 할 수 있다. 그것은 1961년 5·16쿠데타로 집권한 군사정부가 전국 각 감옥에 분산 수용되어 있던 비전향정치범, 즉 758명의 좌익 사상범을 대전교도소로 집결시켜 특별사동에 구금하였기 때문이었다. 이때부터 1968년[37]까지 대전교도소는 정치범감옥으로 특화되었다(최정기, 2000). 이는 응보형에 입각하여 사상범들에게는 보다 가혹한 통제를 해야 한다는 지배권력의 형사정책적 의지와 그들을 일반수로부터 보다 완벽하게 분리해야 할 반공정책 상의 요구 때문이었다. 당시 군사정부는 이들 사상범을 확실하고 강력하게 통제하기 위해 고심했던 것으로 보인다. 당국의 목적은

---

37) 당시 북한의 특수부대가 정치범의 탈환을 계획하고 있다는 소문이 나면서 당국은 그 대응책으로 비전향정치범의 분산수용을 결정하고, 그들을 대전, 광주, 전주, 대구의 4개 교도소에 분산시켰다.

사회적 고립과 고통의 부과를 통해 사상범들을 고사시키는 것이었다. 반면에 사상범들은 평균 0.75평이라는 대전교도소의 조그마한 공간에서 출소할 날을 기다리며 하루하루를 연명하는 것이 고작인 삶을 영위하고 있었다.

선태섭 역시 이 공간에서 하루하루를 연명하면서 당국의 집요한 전향요구에 시달려야 했다. 심지어 가족의 면회마저도 전향요구와 연결되지 않으면 할 수 없던 시절이었다. 당시 그의 아들들이 겪었던 일화가 있다. 1960년대에 상당 기간 면회가 되지 않을 때가 있었다. 걱정이 된 큰 아들 진규가 교도소에 근무하는 아는 사람을 통해 특별면회를 할 수 있게 해달라고 부탁하였다. 이에 교도소 당국은 전향을 설득한다는 조건으로 면회를 하게 해주었다. 그런데 전향하라는 아들의 권유에 선태섭은 역사적 정당성 등을 이야기하면서 전향과 같은 일은 자신의 평생 동안 있을 수 없는 일이라며 그 제안을 단호하게 거부했다. 선태섭의 논리 정연한 이야기에 교도소장도 별 말을 하지 못했다. 이후 선태섭이 출감한 후 그 소장을 우연히 구례에서 마주쳤는데, 소장의 태도가 매우 정중하였다고 한다.

결국 선태섭은 10년 형기를 마치고 1967년 출옥하였다. 출옥 후 그는 부인과 아들들이 살고 있던 집으로 들어갔다. 출옥한 사상범들이 갈 곳이 없는 경우가 대부분인데 비해, 선태섭이 아들 집(서울특별시 마포구 연남동)에서 살 수 있었던 것은 그나마 행운이라고 할 수 있었다. 그 집에서 그는 철 든 이후로는 처음으로 특별한 사회활동을 하지 않은 채 개인적인 삶만을 영위하고 있었다. 이러한 삶이 그에게 행복했을까? 물론 20여 년 만에 가족들과 함께 지내는 삶이라는 점에서는 행복했겠지만, 그에게는 북한에도 또 다른 가족이 있었다. 또 평생의 업으로 해왔던 그의 민족운동은 분단이라는 현실 앞에서 별다른 희망을 발견하지 못하고 있는 상태였다. 이런 상태에서 그가 할 수 있는 일은 무엇이었을까? 그는 남과 북이 극한적인 대치로 치닫고 있는 상황에서도 민족이 하나되는 통일의 꿈을 버리지 않고 있었다. 그리고 공개적인 운동이 불가능한 상황에서도 나름대로의 방식으로 자신만의 민족운동을 전개하고 있었다. 이에 대해서는 다음 장에서 후술하겠다.

▲ 말년에 부인과 함께

그가 출소한 다음, 소식을 들은 그의 지인들이 그를 방문하기 시작했다. 자주 찾아오는 손님으로 가족들이 기억하는 사람은 남궁현, 유치오, 서민호, 이기택 등이었다. 국회의원이었던 이정례와 김준연도 가끔 찾아왔다. 또 법무부장관까지 역임한 조재천과도 교류가 있었다. 특히 조재천의 부인과 선태섭의 부인은 학창시절부터 친구였다. 이들의 면면에서 알수 있듯이 선태섭의 지인들은 함께 사회운동을 했던 사람뿐만 아니라 세인들의 평가에서 우파의 거물로 알려진 사람들까지 망라하고 있다. 특히 서민호나 조재천은 한민당의 맥을 이은 야당의 거물정치인들이었다. 그만큼 그의 인간관계는 특이한 점이 있었다. 선태섭은 상대방의 직업이 무엇인지, 그의 정치적 견해가 무엇인지 등을 무시하지는 않았지만, 그렇다고 그것에 얽매이지도 않았다. 체포되었을 무렵 수사당국의 질문에 답하는 과정에서 그가 했던 인물평을 보면, 그는 매우 다양한 측면에서 사람들을 평가하고 있다는 점과 그중에서도 민족에 대한 태도와 성품을 매우 중시하고 있다는 사실을 알 수 있다.

이 시기에 그는 아들들의 사업체 관리에 대한 조언도 하고, 아들들이 공존하면서 함께 사업할 수 있는 방안도 제시하는 등 아들들에게 지대한 관심과 사랑을 보이고 있었다. 사실 조선공산당이나 인민위원회 등에서 재정문제를 전담해 왔고, 북한에서도 사업체를 관리해왔던 그의 경력은 그가 사업에 관한 최고의 전문가라는 사실에 이의를 달 수 없게 만든다. 그는 사회운동에 평생을 바친 활동가이지만, 동시에 사업적인 마인드를 갖고 그것의 중요성을 인식하고 있는 경제인이기도 했다. 그래서일까? 그는 사업을 하면서 아들들이 갈등을 일으킬까 걱정을 했던 것 같다. 이에 대해 선태섭이 내놓은 해결책은 지분 문제 및 역할 문제에 대해 아예 약정서를 만들어서 법적으로 공증을 하는 것이었다. 사진에서 볼 수 있는 약정서가 당시 선태섭이 아들들에게 만들어 주었던 문서이다.

한편 그는 아들들에게 사업을 대하는 자세와 태도에 대해서도 숱하게 충고를 했었다. 그는 아들들에게 돈만을 벌기 위해 사업을 하지 말고 예술적으로 하라는 충고를 자주 했다고 한다. 아마도 돈의 노예가 되지 말고, 무엇인가를 창조한다는 마음으로 사업을 하라는 의미일 것이다. 이러한 모습은 그가 보통 만날 수 있는 사회주의자나 공산주의자와는 매우 다른 인물이라는 것을 알 수 있게 한다. 선태섭은 통상적으로 만날 수 있는 사회운동가와는 확실히 다른 면을 갖고 있는 인물이었다. 말하자면 그는 매우 실용적이고 구체적인 수준까지 고려하는 사회운동가였던 것이다.

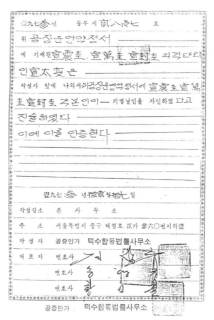

▲ 아들들의 회사 관리에 대해 선태섭이 남긴 문서

이 무렵(1970년을 전후한 무렵) 그는 고향인 구례를 방문하기도 했다. 구례지역의 대표적인 사회주의 활동가였던 그였지만, 비교적 일찍 고향을 떠났고, 한국전쟁 시기에도 이 지역에 있지 않기 때문에 그는 여전히 구례지역에서 존경을 받는 인물이었다. 그의 구례 방문 때 있었던 일화가 있다. 선태섭이 구례를 방문하면서 구례에 살던 양한○(구례군 광의면 지천리 하동, 전 구례향교 전교, 구례여객 사장)를 방문하였다고 한다. 이때 선태섭은 김홍준(구례읍 봉북리 거주, 구례의 대표적인 반공인사)씨가 한국전쟁 중 자신의 가족을 잘 돌봐주어서 사례인사차 구례에 왔다고 하였다. 이에 양씨가 집 안내를 자청하였지만, 선태섭이 "고마운 말이나 그리되면 양형의 구례에서의 향후 입장이 곤란할 것"이라며 사양하였다. 그래서 양씨는 김홍준의 집 위치만 가르쳐주고 석별하였다는 것이다(문승이의 전언). 항상 타인의 입장을 고려하는 선태섭의 인간관을 보여주는 부분이다.

(3) 계속되는 민족주의자로써의 삶과 죽음

선태섭이 1975년 죽기 직전에 정보당국에 의한 사찰과 감시가 있었다는 사실은 이 글의 첫머리에서 밝힌 바 있다. 그것은 선태섭이 조총련을 통하여 북한에 전달하고자 했던 편지 때문에 일어난 일이었다. 그 일을 이해하기 위해서는 조금 상세한 설명이 필요하다. 일의 발단은 아래와 같다.

과거 선태섭이 월북하면서 함께 데려간 천○○라는 청년이 있었다. 그는 훗날 북에서 김일성대학 교수까지 역임했다고 전해지는데, 선태섭은 그를 북한에 데려간 것에 대해서 남한에 있던 그의 가족들에게 마음의 부담을 갖고 있었다. 선태섭은 출감 이후 그의 가족들을 찾았고, 그의 동생인 천기영이 서울 중앙시장에서 막노동을 하면서 어렵게 사는 것을 알고는 아들들에게 천기영의 취직을 부탁하였다. 그래서 아들들은 그에게 당시 자신들이 하고 있던 사업 중 하나인 벽돌공장 일을 맡겼는데, 그는 술만 먹고 일은 하지 않으며 잘 씻지도 않는 등 타락한 생활을 계속하였다. 그래서 결국 그만두라고 했더니 천기영은 당신들은 자기를 자를 수 없다고 협박을 하였다. 그리고 그러한 협박에도 불구하고 선태섭의 아들들이 그를 해고하자, 그는 선태섭을 반공법 위반으로 고발하였고, 아들들의 사업이 갑자기 잘 되는 것은 조총련 자금이 들어왔기 때문이라고 거짓 정보를 퍼트리기 시작했다. 아들들로서는 기가 막히는 일이었다.

당시 그가 선태섭을 고발한 것은 실제 선태섭이 한 행동 때문이었다. 선태섭은 자신의 사망이 얼마 남지 않았다고 생각했는지 자신의 관점에서 본 대한민국의 모습과 자신이 생각하는 평화통일 방안을 정리하였다고 한다. 그런데 선태섭은 자신의 글씨가 악필이라고 생각하여 글씨를 잘 쓰는 천기영에게 그것을 정서하라고 한 다음, 자기 친구이자 야당 정치인이었던 서민호에게 전해주라고 했다. 당시 서민호가 일본에 갈 일이 있다는 것을 알고는 그 편지를 일본에 있는 누군가에게 주어서 북한으로 전달해 달라는 것이었다. 그런데 천기영은 몰래 그 편지의 사본을 한 장 갖고 있었으며, 훗날 자신이 해고되자 조총련 자금 운운하는 말과 함께 편지 사본을 중앙정보부에 전달하면서 선태섭을 밀고했던 것이다. 이로 인해 중앙정보부와 서대문경찰서에서는 1년 가까이 선태섭 가족들을 내사하였다고 한다. 훗날 수사과정에서 안 일이지만, 이들 정보당국은 심지어 가족들의 전화와 집안에서 나누는 대화까지 도청했었다. 그러나 별다른 혐의를 발견할 수 없자, 정보당국은 큰 아들을 불러 "네가 위장으로 남로당에 가입하여 우리에게 정보를 주라"고 하면서 이중간첩 생활을 강요하기도 했다. 아버지의 활동 때문에 고생하며 살아왔던 큰 아들이 그 제안을 일언지하에 거절한 것은 당연한 일이었다.

당시의 상황에서 중앙정보부에 좌익 혐의로 수사를 받는다는 것은 누구도 견디기 어려운 일이었다. 더욱이 선태섭의 아들들은 사업을 하는 사람들이었다. 당시 만규 등 아들들이 하던 주된 사업은 '고려식품'이라는 국산차를 만드는 회사였다. 이 회사는 1963년에 만들어졌는데, 여러 가지로 힘든 시기를 견디다가 1971~72년 무렵 급성장을 하였다. 이로 인해 경쟁사들로부터 심한 견제를 받고 있었는데, 그 과정에서 이 회사가 식품위생법, 탈세 등의 혐의로 고발당하는 일이 일어났다. 이 사건을 담당했던 변호사는 최초에는 별 문제가 없을 것이라고 했다고 한다. 법률적인 차원에서는 별 일이 아니었던 것이다. 그런데 설상가상으로 이 일이 앞서 언급한 반공법 및 국가보안법 관련 사건과 함께 다루어지면서 변호사마저 포기한 사건이 되어버렸다. 민족주의자로서 평생을 살아왔던 선태섭이 마지막 죽는 순간을 앞두고 민족의 통일을 기원하는 마음으로 작성했던 편지가 아들들에게는 커다란 시련으로 닥쳐왔던 것이다.

이 사건들은 선태섭이 죽은 다음까지도 해결되지 않다가, 아들들이 여러 가지 경로를 통해 애쓴 결과 회사는 살리는 방안으로 사건이 정리되었다. 그리고 사건이 벌어지는 과정에서 선태섭의 부인은 선태섭이 교도소 수감 중 가족들에게 보낸 편지들을 모두 불태워버리기도 했다. 해방 정국에 이어 또 다시 아들들을 고생시키는 선태섭이 미웠던 모양이다. 당시 사정이 얼마나 급박하였던지 선태섭은 그가 사망하면 사는 집 마당에 자신의 시신을 묻었다가 아들들의 형편이 좋아지면 이장하라는 말을 남겼을 정도였다. 선태섭은 1975년 3월 19일 위암으로 사망하였다. 그의 임종 시에 아들들은 옆에 없었다. 평생 친구였던 남궁현과 광주학생운동 사건 무렵부터 알고 지냈던 유치오가 임종을 지켰다. 평생을 조국의 독립을 위해 싸우면서 살아왔고, 비록 이념의 색깔은 다를망정, 해방 후에도 오로지 민족의 이익만을 위해 살아왔던 선태섭, 그러나 분단된 한반도에서는 그의 죽음마저도 평안하지 않았던 것이다.

VII. 인간 선태섭, 분단의 벽에

선태섭은, 좌와 우의 이분법으로 모든 것을 바라보는 세상에서 보면 공산주의자이다. 그러나 보다 열린 세계의 눈으로 보면 그는 민족주의자였으며, 민족의 독립과 통일을 얻기 위한 수단으로 공산주의를 받아들였던 사람이었다. 그 스스로도 이에 대해 분명하게 밝힌 바 있다. 그가 훗날 다음과 같이 술회하고 있다. "공산주의에 대한 저의 지식정도는 철저하지 못한 '소박'한 것이었으나, 근로인민의 이익을 철저히 옹호한다는 긍정적 면만을 믿었던 것이다. 그것은 노동자들의 정치 경제력 열의가 높아질수록 그들의 애국적 열성이 제고 될 수 있고, 이것을 기업가, 상인들의 사업열과 결부시키는데에 성공한다면 부강한 조국을 건설할 수 있는 전망이 있고, 농민들의 경제적 처지를 근본적으로 개선하지 않고서는 우리나라 농촌에서 낙후한 봉건적 생산관계가 청산될 수 없다. 농촌경제 관계를 합리적으로 해결함으로서만 농민대중들의 증산 열의와 애국열정을 제고 할 수 있다고 사료하였던 것이다(인천경찰서, 1957년도 선태섭 심문조서)."

그래서 그는 통상의 활동가들과는 상당히 달랐다. 그는 조직적이고 공적인 삶에서 뿐만 아니라 일상적인 생활에서부터 인간에 대한 존중을 실천하는 사람이었다. 그는 남녀노소를 막론하고 존대어를 사용했다. 사회주의자라고 자처하는 자신이 나이를 갖고 인간관계를 결정하는 것은 말이 안된다고 생각했던 것이다. 선태섭이 부친의 친구여서 어렸을 적부터 그를 만나본 적이 있는 문승이는 선태섭의 이런 모습을 보고 나서 자신도 오늘날까지 나이에 관계없이 존칭을 사용한다고 말한다. 그래서 그와 각별한 인간관계를 맺고 있는 사람은 물론이고 그렇지 않은 사람들까지도 그의 감화를 받는 경우가 많았다. 그리고 이런 사람들 속에는 흔히 좌파로 분류되는 사람은 물론이고, 우파로 분류되는 사람들도 많았다.

또한 그는 매우 인간적인 면을 갖고 있는 활동가였다. 그는 임종을 기다리며 병석에 누워있을 때, 고향 후배였던 김춘성에게 50만원을 주면서 첫 번째 결혼했던 김문임에게 미안하다는 말과 함께 전달해달라고 부탁하였다고 한다. 그 돈은 출감 이후 아들들이 주었던 용돈을 쓰지 않고 모아두었던 것이었다. 선태섭은 봉건적인 풍습으로 자신과 결혼했다가 결국 자신과 이혼하고, 혼자 살았던 김문임에게 평생 마음의 빚을 안고 살았던 것이다. 그래서 죽는 순간까지 그 빚을 갚고자 자신이 갖고 있는 전부를 주고자 했던 것이다.

그렇지만 선태섭은 매우 철저한 사회운동가였다. 그는 다른 사람들과 매우 원만하고 좋은 관계를 맺고 살았지만, 원칙을 저버리는 행동은 하지 않았다. 부드럽지만 원칙에 충실한 삶이라는, 대부분의 사회운동가들이 원하지만 하기 어려운 삶의 태도를 그는 비교적 일관되게 보여주고 있다. 이와 같이 철저한 태도는 일제에 체포되어 고문을 받는 순간에도 지속되었다. 그는 여러 차례의 수감생활과 그때그때의 고문 및 회유 속에서도 전향하지 않았다. 뿐만 아니다. 선태섭은 사는 동안 여러 차례 경찰의 조사를 받고 수형생활도 했지만, 자신의 진술이나 행동으로 인해 희생당한 사람이 없었다고 회고하고 있을 정도로 철저하게 행동하였다. 일제의 폭력에 절대 굴하지 않았던 것이다. 또한 그는 자기 자신에게는 매우 엄격하고 철저한 태도를 견지하고 있었다. 그는 끊임없이 자신의 태도를 반성하고, 그러한 반성의 토대 위에서 매우 엄격하게 자신을 통제하고자 했던 것이다. 이러한 삶의 태도는 자신의 삶이 위기에 처했을 때, 보다 분명하게 드러났다. 그는 일제 말기 사회운동의 조직적인 전망이 부재한 상태에서 자신이 적극적으로 일제와 싸우지 못했음을 철저히 비판하고 있다. 또한 북한에서 형사처벌을 받았을 때 역시 자신이 절제력이 약했음을 반성하면서 곳곳에서 새로운 다짐을 하고 있다.

이렇듯 그의 생애는 좌파 민족주의자의 모습을 전형적으로 보여주는 것이었다. 그의 삶 전반에 걸쳐서 그는 근로대중과 함께 숨쉬고, 그들과 함께 살면서 그들의 이익이 가장 우선시되는 우리 민족의 자주 독립국가를 만들고자 분투하였다. 그렇지만 그 구체적인 형상은 시기에 따라 달랐다. 일제시대에는 일제의 지배를 물리치고, 농민, 노동자 등 근로대중의 이익이 존중되는 토대 위에서 상인, 기업가 등의 자유로운 활동이 보장되는 국가를 꿈꾸었다. 아마도 그것은 오늘날 사회민주주의의 모습과 유사한, 그러나 우리의 역사적 전통이 보다 반영되는 형태였을 것이다.

한편 해방 직후에는 친일파를 제외한 다양한 정치세력들이 연합하여, 근로대중이 주도하는 부강한 국가를 만드는 꿈을 갖고 있었다. 물론 이러한 꿈이 구체적이고 실현가능한 형상으로 드러난 적은 없었다. 그러기에는 현실의 역사가 너무도 급박하였고, 좌우의 이원적 틀 속에서 극히 전개되었다. 다만 1945년 후반기에 인민공화국 설립을 둘러싸고 전개된 논쟁 속에서 그가 인공 수립을 반대하면서 내어놓은 안을 볼 때, 그의 희망사항을 어느 정도 짐작할 수 있을 뿐이다. 한 가지 분명한 것은 그의 생각 속에 어렴풋이 자리 잡고 있던 국가형태에는, 극단적인 친일파를 제외하면, 특정 사회세력에 대한 부정적인 인식이 없다는 것이다. 그는 자산가를 포함한 대부분의 사회세력들이 새로 수립될 자주독립국가에 참여해야 한다고 생각했다. 다만 그 국가에서는 농민이나 노동자들 역시 살 만해야 했고, 나름대로의 권리를 누리고 살아야 했다.

그러나 우리의 실제 역사는 그의 생각과는 전혀 다른 궤도를 보이고 있다. 통일된 자주국가와는 전혀 다른 분단체제가 형성되었으며, 그것도 민족상잔의 비극을 거치면서 가장 적대적인 방식으로 대립하고 있는 분단체제가 되었다. 남과 북에는 선태섭이 그리던 국가와는 전혀 다른 모습의 국가형태가 자리 잡았으며, 둘 모두에서 개인 중심의 권위주의체제가 형성되었다. 한 쪽에서는 극단적인 공산주의국가가 수립되었고, 다른 한쪽에서는 왜곡된 형태의 자본주의가 맹위를 떨치고 있다. 같은 민족이라는 인식은 하고 있지만, 둘 사이의 심리적 거리는 전 세계에서 가장 먼 사이가 되었다. 남과 북의 교통은 세계 어느 곳보다도 두껍고 강한 벽으로 막혀 있으며, 세계 최고 수준의 군사력이 집중되어 있어서 인간의 통행 자체가 불가능한 구조로 되어 있다.

선태섭은 그러한 분단의 벽을 두 번에 걸쳐서 넘나든 사람이다. 첫 번째 월경은 분단의 벽이 막 만들어지기 시작한 1946년에 북한 지역으로 넘어갔다가 1947년에 다시 남쪽으로 내려왔던 것이었다. 두 번째 월경은 1947년에 북쪽으로 넘어갔다가 1957년에 남쪽으로 내려왔던 것이었다. 첫 번째와 두 번째의 북쪽 행과 첫 번째의 남쪽 행 당시에는 근로대중의 이익이 실현되는, 그래서 대부분의 민족이 함께 하는 자주적이고 통일된 민족국가가 곧 실현될 것이라는 신념을 선태섭이 갖고 있었다. 반면 두 번째 남쪽 행 당시에는 선태섭에게 그러한 희망을 발견할 수가 없다. 이미 분단의 벽이 엄청난 무게로 그를 압박하고 있었던 것이다. 그는 그러한 압박 속에서 그나마 가족에 대한 그리움을 가슴에 안고 남쪽으로 내려왔다.

그러나 그는 남한 땅에서 '간첩'이라는 낙인과 함께 징역살이를 경험해야만 했다. 분단의 현실은 평생 일제와 싸우면서 독립운동을 했던 그에게 최소한의 명예를 주기는커녕 가족을 만나려는 행동마저도 적대적인 틀 속에서 보게 했던 것이다. 그래도 그는 죽는 순간까지 자신의 신념을 굽히지 않았다. 자주적인 민족국가를 건설하려는 꿈을 버리지 않고, 북쪽에 평화통일방안을 전달하려고 했다. 아마도 그는 민족주의 사회운동가로서, 민족을 위한 마지막 행동을 한다고 생각했을 것이다. 그러나 그러한 행동은 또 다시 분단체제 하에서는 '죄'에 해당하는 것이었다. 그와 그의 가족들은 다시 한 번 분단체제로부터 응징을 당해야 했다.

그의 평화통일방안이 실제 북한당국에 전달되었는지 여부는 분명치 않다. 그러나 이 사건을 둘러싸고 있는 대립구도는 분명하다. 자주적인 통일국가를 지향하는 사회운동가 선태섭과 우리 민족의 현실인 분단체제가 충돌하고 있는 것이며, 그러한 충돌에서 선태섭이 또 다시 넘어지고 있는 것이다. 그리고 이번에는 그가 더 이상 일어나지 못하였다. 물론 분단체제에 부딪쳐서 넘어진 사람은 그 이전에과 이후에도 수많은 사람들이 있을 것이다. 또 선태섭 외에도 민족과 조국이라는 이름을 걸고 일제와 싸운 수많은 사람들이 있다. 그러나 그만큼 전 생애를 걸고 식민지 현실과 분단체제에 부딪쳐간 사람도 드물다. 더욱이 그는 이념을 받아들이면서도 사람을 우선으로 생각했었다. 그의 삶을 우리가 잊지 못하는 이유이다.

부 록

1. 인천경찰서, 1957년 선태섭 진술서
2. 인천경찰서, 1957년 선태섭 심문조서

  * 선태섭은 평생에 걸쳐 셀 수 없을 정도로 많이 경찰 및 정보당국의 수사를 받았던 사람이다. 그런 만큼 수사에 임하는 자세나 태도도 매우 숙달된 인물이었으며, 그런 만큼 수사과정에서 완전한 진실만을 이야기 했다고 하기 어렵다. 특히 다른 사람을 곤란하게 하는 진술은 하지 않았다는 것을 훗날 본인 스스로도 밝힌 바 있었다고 한다. 또 1957년도 당시 선태섭은 간첩이라는 신분을 제외하면, 대한민국에 해를 끼친 적이 없었으며, 정보당국이 알아야만 할 사항이 별로 없었다. 즉 경찰 등 정보당국 역시 특별한 쟁점이 있는 사건이 아니라 이미 자신들이 취할 조치가 정해져있는 매우 일반적인 사건이었다. 그래서 첨부할 진술서와 심문조서는 적당한 선에서 선태섭과 정보당국이 타협한 산물이라고 보아야 할 것이다. 즉 이 두 자료는 선태섭의 삶을 보여주는 진솔한 자료라고 볼 수는 없다.

그러나 이들 자료들은 현재 구할 수 있는 자료 중 그나마 선태섭의 삶을 구체적으로 보여주는 가장 소중한 자료이다. 또 수사 쟁점이 없었던 관계로 오히려 선태섭의 살아온 삶 등이 보다 중요하게 다루어지고 있으며, 그런 만큼 우리에게는 더 소중한 자료라고 할 수 있다. 이런 이유로 두 자료를 부록으로 첨부하고자 한다. 원래 이 자료들은 일본식 초서체로 작성되어 있었고 한자를 많이 포함하고 있어서 오늘날에는 글자를 식별하기 어려운 경우가 많았는데, 한국사를 전공한 정순옥박사가 번역을 해주었다. 물론 당시와 오늘의 언어 관습의 차이, 문장의 차이, 용어의 차이, 특히 관행적으로 사용되던 일제 경찰의 용어 등으로 인해 해독하지 못한 부분도 많이 있다. 하지만 선태섭의 활동내용을 알아보는 데에는 큰 문제가 없다. 여기서는 의미 파악에 큰 문제가 없는 한 가능한 한 원문에 충실하게 옮겨 적었으며, 그 결과 오늘날의 관점에서 보면 어색한 문장이나 잘못된 문장을 많이 포함하고 있다. 이 점에 대한 양해를 부탁한다. 또 한 가지 자료를 옮기는 과정에서 제외시킨 부분이 있다는 점을 밝힌다. 즉 이들 자료에는 선태섭이 북에서 받았던 밀봉교육 내용과 그 과정에서 선태섭이 작성했던 당시 남한의 지도층 인사들에 대해 성분분석이 있지만, 그 부분은 일반적인 연구에서 별로 중요하지 않다고 판단하여 포함시키지 않았다.

1. 인천경찰서, 1957년 선태섭 진술서

1957년도 자필 피의자진술서(인천경찰서)

진술서 본적 전남구례군 마산면 청천리 153번지
전주소 평양시 중구 경임동 188
현주소 서울시 혜화동수도의대부속병원

선태섭
가명 김재권

단기 4235년 8월 4일생

나는 전남 구례군 중 □□ 선필근씨의 장남으로 태어나서 내가 오 세, 내 아우가 이 세시 나의 선친께서 작고되어 편모의 슬하에서 자라났다. 그리하야 겨우 칠 세 되든 때부터는 짚신조차도 신지 못한 채로 농업노동을 하지 않으면 생계를 영위할 수 없는 처지에 있었다. 이러한 가정형편임에도 불구하고 향학열에 불타는 어머님의 배려로 십일세에 한문서당에서 수학할 수 있는 문이 열리게 되었다. 이때 어린 나의 심정에도 동리 다른 아이들과 같이 글을 배울 수 있다는 기쁨은 이루 측량할 수 없다.

어머님께서는 늘 항상 나라와 동포와 특히 빈천한 사람들을 위하야 장래에 쓸모 있는 훌륭한 사람이 되여야 한다고 우리 어린 두 형제에 간□히 타일러주시군 하였으며 청년 시기에도 이러한 뜻으로 훈육과 편달을 아끼시지 안하였는데 이것이 나의 의지발전에 영향한바 실로 적지 않았다. 어머님이 이렇게 교도하시는 것은 갑오농민전쟁 당시 구례지방의 수반으로 활동하시든 나의 외조부님께서 원통하게도 ㅁㅁ에게서 총살을 당하신 것이 어머님으로서는 철천의 원한이 골수에 사무쳐 있었기 때문이었다.

서당에 다니면서도 곤란한 가계 때문에 매년 농번기에는 논밭에가 매달리게 되어 가위 주경야독이었으나 일, 이년 후에는 나보다 삼년 전에 서당에 들어간 동료들을 따라잡고 더 앞서게 되었다. 내가 십육 세 되든 해에는 1919년 을미삼일독립투쟁이 우리나라 전역과 우리 민족전체에 노도와 같은 파동을 일으킴과 동시에 나의 가슴에도 민족적 충동과 의식이 싹트게 되면서 점차 식민지피압박약소민족으로서의 자각과 일제에 대한 적개심이 불붙기 시작하였다. 이렇게 됨에 따라 학문열은 더욱 강렬하여져서 낙후한 봉건사상의 분위기속에 있든 한문서당을 박차고 십팔 세에 학교의 문을 두드리게 되었으나 거절의 고배를 맛보게 되었다.

이리하야 사립신명학교에 가서 일 년 수학을 하고서 그 익년에 보통학교 삼학년 편입시험으로 입학하게 되었다. 그러나 나의 연령 관계와 이미 한문을 배운 실력관계 등은 도저히 보통학교의 초등학과에 만족할 수 없고 당시 일본 早稻田(와세다)대학 통신중학강의록을 구독수료하고 다시 동대학 정치 경제 강의록을 계속 구독하는 일방 당시 우리나라에서 간행되는 이러 저러한 출판물들을 탐독하는 동안 조국애와 나의 사상의식발전에 더욱 박차를 더하게 되었다.

이렇게 보통학교에 재학하는 동안 학교 내에서는 학생들을 망라하여

흥학단을 조직 지도하였고 자기 동리에서는 농민계몽운동의 일단으로 밤
이면 농민야학을 많지 못하나마 자기경비로 수년간 하루와 같이 진행하
였으며 점차 우리말 언론기관인 조선일보사 구례지국과 당시 좌경적인
청년단체인 구례청년당 등에 출입이 잦아지게 되었다.

　보통학교 오, 육학년 시절에는 식민지 노예교육제도를 반대 투쟁하는
동맹휴학을 단행함으로써 전기한 언론기관과 청년당 인사들로 주동을 끌
게 되었고 맹휴는 학교당국에서 무기정학과 퇴학처분을 당하게 되었었는
데 학부형 측과 지방유지, 언론기관, 청년단체 인사들의 추천 간섭 등으
로 인하야 다시 복교가 되었으며 일본인 교장이 나를 소위 촉탁교원으로
졸업 즉시 채용하겠다고 회유책으로 대하였으나 여기에 응할 리 없고 의
연히 일제에 반대하는 정신은 더욱 치열화할 뿐이었다.

　이러한 과정 중 우리말과 일문(日文)으로 된 사회주의 좌익 팜플렛
등을 무비판적으로 탐독하는 동안 노농 러시아의 사회주의 십월혁명으로
짜르 제정에서 신음하든 근로인민들과 낙후한 처지에 있는 무수한 약소
민족문제가 차별 없이 정당히 해결되었다는 사조에도 영향을 받게 되었
으며 어렴풋이나마 우리 민족의 자유와 해방을 위한 독립투쟁에 대한 전
망에 대하여도 점차 신념을 더욱 굳게 갖게 되었다.

　이렇게 되면서 정의와 진리를 찾기 위하여는 언제나 낡은 것보다 새
것에 의거해야 된다는 청년의 의기는 한층 더 □□하고 헌앙하게 되었다.
이리하여 우리나라의 역사와 빛나는 전통에 있어 수많은 순국선열들의
투사를 초보적이나마 알게 될 수록 민족적 자존심이 더욱 강하게 되였으

며 그 당시에도 해내, 해외에서 계속 과감한 투쟁을 집요하게 전개하고 있는 애국투사들에 대한 다함없는 존경과 사랑을 갖게 되었고 경향각처에서 우후죽순처럼 일어나는 청년, 여성, 노동자, 농민단체 등에 대하여도 혁명적 정의성을 인식하게 되었다

이러는 동안 간신히 보통학교를 졸업하게 되었다. 이해, 즉 1925년 4월 하동 쌍계사에서 영, 호 양남기자대회에 참석하게 되었는데, 나의 의기학전에 고무적이었다. 이때에 경향각지에서 온, 적지 않은 인물들도 알게 되었으며 박○○, (고)안○○씨 등과는 그 후도 계속교분을 가지게 되었고 동향인으로서는 정○○씨와도 접촉을 자주하였다.

이때에 학문을 계속하기 위하여 동경이나 중국 또는 소련으로 진출하려고 의도하였으나 ㅁㅁ히 그 뜻을 이루지 못한 채 자가에서 밤을 낮에 이어가는 정도로 독서에 열중하였다. 1926년 4월부터 조선일보사 구례지국 기자로 생업을 살게 되었으나 이것은 한 개의 방편일 따름이고 직업적 해방투쟁에 헌신할 것을 굳게 결의하고 농민투쟁과 청년 소년운동에 몰두하게 되었다.

1917년부터는 구례청년동맹과 소년동맹의 위원장으로 신간회구례지회 상무간사로 사업하면서 우리나라가 일제식민지 패쟁 하에 있는 만치 사회주의 혁명보다 먼저 민족 혁명이 선차적 과업이 되므로 일제에 불평불만이 있고 항쟁요소가 있는 각 급 각 회의 광범한 통일 전선으로 전민족적 총역량을 십중 통일하며 민족적 단결을 공고히 하며 기회주의를 일체 부인한다는 신간회의 정강에 완전히 고ㅁ하게 되었고 당시 나의 사상의

식과 정치노선도 이 범주에 속하였다.

이때 나의 가정생활 형편을 말한다면 금융자본의 물결이 우리나라의 도시와 농촌을 도도하게 공세로 침투함과 동시에 빈약한 농업생계를 영위하고 있는 우리의 가정경제는 근저로부터 파탄되었다. 나 자신의 물질적 생활과 사상생활이 이렇게 됨에 따라 악질고리대금업자와 친일 원수 매국노에 대한 증오감도 없지 않았다.

1926년이 고 순종 고산(?) 시 육십 만세독립투쟁은 나의 민족적 적개심을 격화시키었으며 일차 공산당사건은 나의 해방투지를 굳게 하였다. 이 당시 신간회 운동관계로는 이○○, 권○○, 홍○○, 안○○, 송○○, 김○○ 제 선배들과 또는 이○○, 홍○○ 제□들과 동지적 접촉이 있었고 공산주의자로서는 주○○, 김○○ 등과도 일, 이차 접견되었고, 청년 운동관계로는 김○○, 장○○, 라○○, 윤형식과도 접촉하였으며 전남도내인물로서는 김○○, 류○○, 강○○, 최○○, 정○○, 이○○ 등과도 접촉하였다.

1928년에는 청년운동 관계로 광주경찰에 피검되어 구례경찰과 순천을 거쳐 대구에서 금고형 십개월을 언도받고 대구 형무소와 광주형무소에서 복역, 1929년에 출옥하였다. 1929년에는 전남도 청년 연맹상무집행위원으로 활동하든 중 동년 10월부터 장○○과 광주경찰서에 구속, 1930년 봄부터 □ 전남도 청련(靑聯)과 조선청총(靑總)중앙을 국면 □□하려고 활동 중 동년 6월 동정(東町)경찰서에 피검되었다가 칠월에 석방된 후 다시 동월 경기도 경찰부에 치안유지법 위반으로 피검되어 서대문감옥에 구금되었다가 1932년 사월에 예심면소 출옥하였다.

　이때 가정생활형편은 형언할 정도가 못되게 곤궁하였고 청년 단체와 신간회는 합법적 존재로서 자기활동을 할 수 없는 시기였다. 동년 유월 전남노농협의회사건으로 전남경찰부에 피검되어 광주형무소에서 치안유지법 위반으로 복역을 하고 1936년 삼월에 출옥하였다.

　이때 재감 중 일제경찰의 악독한 고문과 옥중 투쟁으로 건강상 타격도 심하였다. 일제의 살인적이고 야만적 박해로 가정생활 형편은 너무 참담하여 말할 나위조차 없었다. 이때 우리나라의 정세는 일제의 극악한 탄압으로 해방투쟁을 적의 요시찰권에 든 인물들이 선두에서 사업을 추진하기는 극히 어려웠었다. 이때에 나는 중국으로 건너가려고 의도하였으나 쉽사리 그 뜻을 실현시키지 못하고 한편으로 노모의 여생을 위하야 위인자의 도리에 다소라도 정□과 힘을 바쳐 드리어야 하겠다는 생각도 없지 않았다. 중국진출이 뜻을 이루지 못하고 국내정세가 험악하여 혁명운동이 퇴조기에 처해 있을 때에 있어 확고한 전략전술이 투철히 수립되어 있지 못한 나는 이때 계속 전진을 활발히 하지 못하고 답보상태에서 초조한 생활을 하게 되었다.

　동년 오월 일일부터 다시 조선일보 구례지국장으로 1940년 8월 11일 동보가 폐간 처분될 때까지 있었다. 이 동안 1936년 구월부터 동년 말까지 지방조직혐의로 전남도경찰부에 피검되어 구례리에 분금되어 있었으며 1938년 1월부터 동년 10월까지 반제 전쟁 비밀결사혐의로 영광경찰에 피검되어 있었다.

　이 동안은 당시의 모든 합법성을 최대한 이용하여 농민 사중의 당면 이해문제를 취급하여 사상적 □수가 없이 농민사중들이 합법적으로 □건히 움직여지도록 여론 환기에 주력하며 민족문화 수호를 위하여 지식인들과 청년, 학생층의 자각을 촉구하기 위한 다종다양한 방법으로 예의 노력하였으며 체육회장으로 은근히 양심적인 사람들에게 민족적 자각에 개안이 되도록 용의하였다.

그러나 이시기는 전날에 비하여 아무래도 적극성을 결여한 것이 사실이며 자신 가족들과 더불어 사경제생활에 관심을 가지게 된 것도 사실이었다. 그러나 타지방에 비하여 극단적인 악질 친일 배복분자와 관료들이 방약무인하게 방종하지 못하리만큼 민중의 압력이 있었다는 것은 인정할 수 있었다.

1940년 팔월 십일일 이후부터 실업자가 되었는데 친우 김○○이 경영하는 서울중학동 대동산업주식회사 취체역으로서 완전실업자는 아니었으나 가족생활이 안정된 상태가 아닌 것은 사실이다. 이러던 중 김○○의 원의에 의하여 1942년 6월부터 구례에서 광의양조장을 경영함으로써 사경제 생활의 소강상태를 얻게 되었다.

그간 약 십 년간 일제의 방향전환 성명서와 창씨개명 강요도 수없이 당하였으며 극단적으로는 삭탈과 국방복 착용까지도 말썽이 있었으나 이러한 등사에는 민족적 지조를 굽히지 않았다. 이 동안 각계각층과의 교우관계는 각처에 광범위에 호하였으며 우리 장래문제를 진심으로 간담이 상조할 정도로 걱정하던 인물들도 적지 않았다.

그러나 이러한 상태에서 8·15 해방을 맞이하게 되자 자기비판의 정신이 참으로 간절하였다. 8월 15일 오전 상종했던 인물들 중 실례의 일부를 든다면 박○○, 김○○, 송○○, 백남운, 홍○○, 홍○○, 최○○, 김○○, 조○○ 등 □□ 들 수 있다. 8·15 당시 자기비판의 골자만을 말한다면 해방투쟁을 철저히 중단하여 쉬지 않고 추진 전개하지 못한 사실과 양주 장경영에 있어 좀 더 인민적 입장에서 하지 않고 영리 본위주의로 흘렀던 것, 군 농회가 대마 공동판매에 간여 하였던 것은 모두 크게 잘못한 사실이다. 이것을 더 요약한다면 인민의 이익을 고수하는데 불충실하였든 사실을 변명할 수는 도저히 없고 소부르주아적 약점임이 명백하다.

이때에 자기비판과 동시에 자기의 결심을 간단히 요약하면 다음과 같다. 첫째, 과거에 쥐꼬리만치도 혁명투쟁을 하지 못한 경력과 또는 연령 등을 의세해가지고 주제 넘치게 감히 지도적 위치에 나서려고 하지 않는다. 둘째, 과거를 백지로 돌리고 겸허한 태도로 군중과 완전히 같은 수평선에서 군중 자격으로 출학(?)하여 새로운 전적에 군중으로부터 선의 진실한 평가를 받은 기초 위에서 진출한다. 셋째, 자기의 정력과 성의를 다받쳐서 우리 민족의 완전 자주독립과 행복과 번영을 위하여 전진한다.

8월 17일 구례 군민대회에서 군 인민위원회 선전부장으로 당선되어 사업하였는데, 다시 동 8월 30일 각 리와 각 면 선거를 통한 군민대회에서 전남 도민대회 출석 구례군 대표 2인 중 일인으로 선출되었다. 9월 1, 2일 전남 도민대회에서 재정부장으로 선임되었다. 이것이 8·15 당시 나의 반성과 결심과 모순되는 사실인데 완강히 거절하였으나 조직생활을 하는 나로서는 자기의 의사와 주장을 발표할 자유는 있으나 조직의 명령과 결

정에는 끝끝내 거절할 수는 없다는 생활신조의 원칙에서 필경은 이것을
담임하게 되고 말았다.

전남 도 건국준비위원회가 중앙의 건준과 유기적 연계를 맺기 위하여
서울에 구월칠일에 파견되었다가 동월 십사일에 귀임되었다. 동년 10월
20일 조선공산당 전남도당 광주시 위에 입당하였는데 이때 나의 정치사
상 의식은 우리나라는 각계각층 대표가 광범히 참가하는 민주주의적 연
합정부가 수립되어야 하며 나 자신은 노동자, 농민, 근로지식층 등 노동
인민의 입장에 서 있었다. 동년 12월 24, 5일 공산당 전남 도당대회에서
도당 재정부장으로 선임되어 그 위치에서 사업하였다.

동년 12월 28일 삼국외상회의 발표와 동시에 조선 정국이 매우 혼란하
게 되었다. 여기에서 한 가지 사실을 밝히고 넘어갈 것은 지난 구월 상순
중앙 건준에 갔을 때에 소위 조선 인민공화국 문제에 대하여 그의 조직
경위와 절차며 구성성원 등에 대하여 나는 강경히 반대의사를 표명함으
로써 중앙 측 대변인인 이○○과 충돌되었고 동행한 전남대표 김○○과
도 의견마찰을 보게 되었으며, 전기 도당대회에서 소위 인공을 내리는 것
이 민족적 단결을 위하여 정당하다고 주장하였으나 나의 정견주장은 소
부르주아적 견해라고 거부되고 만 사실이 있다.

또 친일파 규정문제에 대하여 극좌적 편견을 주장하는 사람들과 투쟁
하여 어느 정도의 성과를 거두었다. 삼상회의 결정에 대하여는 다른 지
방과 비슷하게 전남 광주지방에서 좌우익 진영이 결렬하면서 정면충돌이
생길 위기에 부딪치게 되었을 때, 필사적 활동으로써 좌우 연석회의를 이

차에 걸쳐 소집하고서, 이 문제는 우리나라와 민족의 운명에 관련되는 지극히 중요한 만치 분별없이 일시적 흥분으로 해결될 수 없는 것이다. 그러므로 국제국간 관계를 신중히 고려하여 정확히 대처하지 않으면 안 된다는 전제에서 조선민족문제 통일협의회하는 것을 조직함으로써 정면충돌이라는 불상사를 연출하지 않게 하였다.

 이것은 물론 개인의 힘으로 좌우될 바 아니지만은 이같이 어렵고 중요한 시기에 나의 위치에서 민족적 정의와 양심에 따라 나는 응분의 도리를 다하였다고 생각하였던 것이다. 1946년 1월 상순 삼국 외상회의 결정에 대한 문제 때문에 중앙에서 각 도 인민위대표자 대회 소집이 있어 비당원인 변호사 두 분과 같이 서울에 파견되었던 적이 있다. 삼 외상 결정에 찬부양론이 있었는데 결국 지지결정이었다.

 동년 2월 15, 6일에 민족주의민족통일전선 결성대회에 전남대표로 참가하였는데, 동 중앙위원으로 피선되었고, 이때를 계기로 하여 공산당 내에 종파적 분쟁이 점차 격화되기 시작하였는데, 나의 태도는 종파가 당내에 있다는 것은 인식하게 되었으나 당의 민주주의적 중앙집권제의 규율을 위하여 당 중앙의 결정과 지시 명령에 복종하는 태도를 취하였다.

 동년 5월 당 중앙의 지시에 의하여 재정공작을 위해 영등포 조선 □화주식회사 상무취체역으로서 활동하다가 동년 7월 1일 전남 경찰에 피검되어 종로경찰서에 있다가 7월 3일 탈출하였다. 그리하여 당 중앙 총비서 박헌영의 파견 신임장을 휴대하고서 동년 8월 18일 서울을 출발하여 이십일에 해주에 도착하였다.

단기 4290년 8월 26일 우 선태섭

인천경찰서장 귀하

진술서 계속

　도착한 익일, 즉 1946년 8월 21일 해주에서 황해도당에 가서 사유를 말하고 평양행의 변의를 청한즉 26일에 당시 도당위원장 박○○일행과 동행하자고 하면서 기다려주라고 말하였다. 그리하여 평양행 도중 사리원에서 수일 체류하고서 9월 1일에 평양에 도착하였다.

　9월 2일에 북로당 중앙본부에 파견신임장을 제출하고서 당시 정치위원 최익을 접견한 즉 상례적인 담화가 있은 다음 서울에서 당신이 가지고 있던 거금을 어떻게 하고 입국하였느냐는 의외에 □언이 있었다. 내가 너무 불쾌하기에 (다음과 같이 항변하였다.)

　"왜 이러한 말을 하는가? 이것은 상필 두 종파쟁이 중 이○○가 아니면 이△△의 모략인 것이 틀림없다 그것은 이○○와 이△△이 종파문제로 나에 대해서 석연치 못한 오해와 감정을 가지고 있는 것을 내가 알고 있으며 이○○가 당 중앙요인들과 의담(?)이 있을 때에 내가 영등포와 같은 산업경제의 심장지대에 공작하는 동안 거금을 획득하였을 터인데 당에는 그 일부만 내놓은 것이라고 추단한 사실이 있고, 또 내가 입국할 때에도 내가 월북하면 자기들에게 불리하게 중요한 책동하게 될 염려가 (있으니) 신임장발행을 신중히 고려할 필요가 있다고 발언한 사실을 알고 있다.

이○○이 1월부터 사람을 통해서, 또는 직접으로 돈을 나에게 요구한 것을 매번 비조직적으로 공금을 지출할 수 없다고 내가 거절했기 때문에 그로 인한 불만이 있는 것을 알고 있으며 더욱 그는 내가 자기와 같이 종파책동을 같이 안함은 물론 내가 정면에서 그의 부당성을 강력히 논박한 데에 불만을 나에게 가지고 있는 것을 알고 있다. 내가 공산당 중앙의 재정공작을 위하여 조선 산업경제의 심장지대라고 중요시한다는 재정부장 이관술에게 지시받은 것은 사실이다.

재정공작이란 다른 공작과 마찬가지로 착수하는 그날로 돈을 거저 붙잡을 수 없는 것을 누가 모를 사람이 있는가? 시간이 조금만 나에게 있었더라도 보다 더 적지 않은 성과를 거둘 수 있는 순간에 피검되었기 때문에 그렇게 되지 못하였고 착수의 돈을 붙잡은 것은 공산당 중앙과 전남도당에 받쳤고, 겨우 평양 오는 여비만을 가져왔을 뿐이다"고 즉석에서 항거한 즉 그는 안색을 고치면서 알았다고 말하였다.

다시 허가이 조직지도 부장과 만나서 소요 절차를 행한 다음 북로당의 재정을 맡는 것이 적당하겠다고 그는 말하였다. 나는 강경히 거절한 즉 그는 당원이 당의 이익을 위하여 사업하지 않느냐고 하면서 구체적 결정은 간부부에서 한다고 그는 말하였다. 다시 간부부장 박○○를 만난 즉, 그는 그 익일 역시 당의 재정을 맡을 것을 결정적으로 말하였다. 나는 물론 거절하였다.

이리되어 호상 2주일 이상을 버티다가 그는 말하기를 당 중앙에 있는 것이 좋겠는데 내 의사가 너무 완강하니 외곽조직인 북조선직업총동맹으로 파견장을 떼겠다고 하였다. 이것은 내가 자신의 정치이론 수준 제고를 위하여 공부할 수 있는 조건을 갖기 위하여 그리 했던 것이다. 직업총동맹 사회보험 부장대리로서 동년 말까지 있었다.

1947년 1월 이○○을 통해서 남로당의 초빙을 받아 동년 2월 서울에 나온 즉 탄압 하에 있는 남로당은 현재 당면과제로서 두 가지 큰 것이 있다. 그 한 가지는 간부 보존이며, 또 한 가지는 재정문제이다.

남조선에서는 재정문제 해결이 어렵게 되었으니 북조선에서 재정공작을 전적으로 책임지고 해 달라는 것이었다. 나는 응당 거절했다. 그러나 받아주지 않고, 이미 북조선에 있는 재정 공작기관을 해체, 청산하고 새로이 능동적으로 일할 수 있는 방대한 기구를 조직 발족하여 사업을 전개해 달라는 것이었다. 3주일 이상을 두고 거절해도 끝내 듣지 않기 때문에 부득이 조건부로서 접수하는 것으로 낙착되었다. 그것은 사업이 능동적으로 추진하게 되면 나는 공부할 수 있는 기회와 조건을 갖게 해 달라는 것으로 합의된 것이다.

새로이 3월 초 서울 출발로 동 상순에 평양에 다시 도착하였다. 이리하여 그 일에 착수하여 '동방산업주식회사' 사장의 직책에 있게 되었다. 이것은 그곳에서 몇 개의 생산기업소와 동해의 어업□과 무역을 경영하였다. 무역은 남북교역과 중국의 각지 및 향항(香港, 홍콩), 마카오 등지로 광범위였었다. 남양, 청정, 홍남, 해□, 대련 등지에 지사와 출장소 등을 갖고 있었다.

이 과정에 나의 사경제 생활은 부화, 부화하였다. 그것은 직장에서 받는 물질적 특우가 과히 우대될 뿐만 아니라 원지에서 오는 고객들의 선사물이 매우 많았으며 일상적으로 해내, 해외에서 오는 고객들과의 교제에 있어 서로 초대를 하는 경우와 초대를 받는 일이 매일과 같이 빈번하였다. 이렇게 하여 요정에 출입이 자지게 되었고 요정주인여성과 불미한 치정관계까지 발생되었다. 필경 수치심이 있는 사람으로서는 참을 수 없는 죄과를 범하였다. 1947년 7월 방화미수라는 해괴망측한 범죄를 하였다. 몽상도 할 수 없는 일이다. 이것은 결코 우연한 일이 아니다. 언제나 결함은 자기 주관에서 찾는 것이 중요하다. 당시 나의 사경제생활이 부화하였고 나에 대한 통제가 약화하였고 이러는 동안 어느덧 무서운 향락주의가 침윤하게 되었든 인과관계가 있다고 본다.

흥분된 나머지 졸렬한 감정에 지배되어 이성적으로 자기 통제력이 결여되어 심리적 무정부상태에 빠졌던 것은 심각한 자기비판과 증오가 없을 수 없다. 이때 나의 심경은 이 사실이 법에 비추어 죄가 성립되고 안되는 여부와 형량의 다과가 문제될 바 없고 이 사실이 발생하였다는 사실 그 자체가 단두대에 올라선 사형수와 다름없는 심경 정도로 너무나 쓰고 아팠다.

이 죄과로 인하야 1년 반의 체형을 받고 복역을 하였다. 이때에 나는 이것을 개탄하려면 실로 한량이 없다. 이 악몽 같은 현실 속에서 자신이 저지른 죄업은 응당 받아야 한다. 과거를 징계하야 장래를 삼가는 교훈이 되게 해야 되겠다. 비장한 결의로써 스스로 맹서하면서 칠전팔기할 자기준비를 심혈을 경주하면서 수양에 힘을 썼다.

　지위욕과 부당한 야욕을 경계해야 된다고 생각한다. 1950년 4월 27일에 다시 자유의 몸이 되었다. 얼마 후 6 · 25 동란의 사변이 발생하였고 동년 10월 10일 평양에서 후퇴를 하여 □계, 만포를 거쳐 동월 25일 중국을 내향하여 압록강을 건너가 동년 12월 30일 다시 평양에 귀환하였다.

　전기한 바와 같이 나 자신이 저지른 사변으로 인하야 1950년 2월 16일부로 평양시 당부에서 제명처리 당하였다. 1951년 1월 조선노동당 중앙 간부부장은 나에 대하여 말하기를 빨치산에 나갈 것을 지시하였다. 당의 정치노선을 배반하였거나 당과 국가의 재산을 탐오한 것은 아니고 사생활 내면에 속한 문제를 처리를 잘못하여 그리된 것으로 과오는 법에 의해 처단되었으나 다시 회복할 간부로 당에서 보는 바이다. 그러나 범과의 동기와 이유는 여하건 일단 당의 문 밖에 나간 다음에 다시 당에 회복한다는 것은 상당한 시간을 요하게 된다. 그런데 곤란한 환경에서 사업을 하면 회복하는 시간을 단축할 수 있음으로 결국 나를 위하여 이렇게 한다고 말하였다. 이에 대하여 나는 연령관계로 보아 빨치산에 가서는 자기의 능력과 성의를 발휘할 수 없는 것이라고 수락하지 않음으로 해서 호상 충돌되었다.

　동년 4월 28일 평양시 사회급량관리소 창고담당(중구)으로 복무하던 중 1952년 1월 14일부로 평양시 당부에 재입당을 하였다. 지위욕과 사심 없이 성심껏 복무하였다. 동년 중 상업성 사회급양관리처로 개□관리소, 또는 □의위관리소장, 또 혹은 무슨 공장지배인 등으로 배치하려고 하였으나 내 여기에 응할 리 없었다. 또 다시 평양시 사회급양관리소 사회급양과장으로 배치를 명하였는데 이상 더 거부할 수 없게 되어 부득불 1953년

5월 1일부로 배치되었다.

동년 7월 3일 전기창고에서 사고발생으로 인하여 또다시 구속의 처지에 있게 되었다가 동년 10월사건 기각처분으로 자유의 몸이 되었다. 이와 같이 봉타랑타(?) 중에 부딪치게 될 때, 삶 자기비판을 더욱 더 철저히 요구하는 동시에 사상의식 개조를 위한 자기투쟁을 계속 강화할 뿐이며, 지위에 대한 담박한 태도가 절실히 요구된다.

1954년 2월 평양서점 지배인으로 배치되었으며, 1956년 1월 중앙도서배포소 도서부원으로 배치되어 동년 10월까지 복무하였다.

그런데 소급하여 1953년 3월부터 노동당 중앙으로부터 대남공작문제에 대한 의사타진이 수 삼 차 있었으나 완곡하게 거절하였다. 1955년 9월부터 다시 당 중앙에서 나의 과오 범한 후로부터 당시까지의 생활에 대해서 위로를 하면서 나의 희망을 물었다. "당에서 동무에 대한 문제를 언제까지나 방치하는 것이 아니고, 이제 와서는 단계에 이르렀으니 사업방면과 희망을 말해 두면 참고하려고 한다"라고 말하였다. 그 내의의 한 가지는 사업방면과 지위에 대한 것이고 또한 의사여하를 묻는 것이었다. 이와 같은 것이 1956년 10월까지 누차 반복 계속되었다. 그럴 때마다 나는 지위에 대한 문제는 초월하고 살아온 것이 8, 9전 범과 시부터인데, 다만 희망은 좀 더 조용한데서 공부를 할 수 있는 곳이 있었으면 좋겠다고 대답하였으나 여기에 대해서는 귀를 잘 기우려 듣지 아니하였다.

동년 10월 말경에 다시 당 중앙에 나갔을 때에 나는 대남공작에 나가

겠다는 의사표시를 하였다. 당에서는 흔연히 접수하였다. 나는 그간 이남
에 있는 가족문제의 생사존망 여부를 알고 싶은 생각이 날이 갈수록 간
절하여 오며, 특히 늙으신 자모에 대한 사모하는 정회는 어린애와 같이
무어라 형용할 바를 모르게 되었다. 대남공작을 나가면 생명의 위험성도
십분 느끼지 못한 바는 아니었다. 또 내가 남한에 나가서 여하히 지모를
짜본다 할지라도 도저히 완전한 합법 전취를 할 수 없으리라는 것도 잘
알고 있었다. 그 이유는 남한에 지면이 있는 사람이 많은 것은 물론 월남
한 평양시민들이 너무도 수다하게 알고 있고, 과거 남북 교역하던 상인들
과도 면분이 광범하기 때문이다. 문제들을 이러한 견지에서 고찰하면 이
상 나열한 제 조건들이 전후 부합되지 않고 모순이 있다. 당으로 부터서
의 수 년 내 의사타진과 종용이며, 초빙 등에 언제까지나 무감각한 태도
로 있기는 어렵게 사태가 발전해온다.

나는 이에 대하여 심사숙고한 나머지 두 가지를 중심으로 하여 고찰해
보았다. 한 가지는 대남공작을 오늘날의 정세와 조건에서 내가 성과를
올린다는 성산은 거의 없다는 사실이다. 일방적으로 되는 나의 주관만으
로 고집할 수는 없는 고로 당의 지시에 의하야 월남 후 최선의 노력을 금
년을 무사히만 지내게 되면 내년에 다시 복귀를 하여 내가 실제로 나가
보아도 내가 가진 조건으로서는 모험뿐이고 출로를 타개할 수 없으며 무
리하게 일을 한다는 나의 생명의 위험뿐만 아니라 평화통일사업에 손실
만 끼치게 되겠기 때문에 복귀하였다고 보고한다면 변절하지 않고 당에
손해 준 사실이 없는 이상 받아줄 수 있으리라고 사료하였다.

다음 또 한 가지는 천행으로 재남 가족들이 생존한다면, 최선의 노력으

로 체포만 당하지 않고 생명만 보존할 수 있다면, 어느 시간이 경과되면 대한민국 건국 십주년 기념이라도 있게 될 경우에 월남 후 범행사실이 없는 것이 확인된다면, 가족과 동거 생활할 수 있는 가망성도 전연 없지 않을 것이며, 또 정부 개조나 정세 호전이 혹시 된다면, 월남 후 현장범이 아닌, 사람을 죽이기까지만 않게 되어도 전자와 같은 가능성을 고려할 여지가 있을 것을 생각하였던 것이다.

그리하여 작년(1956년) 10월 초부터 밀봉교육을 중앙당초대소에서 받는 생활에 들어서게 되었다.

이하에는 밀봉교육을 받는 과정 및 남한으로 넘어오는 과정 등이 비교적 자세하게 기술되어있다. 이하는 서울에 도착해서 체포되기 직전까지의 행적에 대해 설명하고 있다. 이 부분 역시 필요 없는 부분은 삭제하고 게재하겠다(편집자 주).

영동포에 해가 질 무렵에 도착하여 영등포 역전을 가까이 하지 않을 것을 주의하면서 시간을 좀 보냈다. 장비품으로 가지고온 양산으로 얼굴을 가리고 다녔다. 완전히 어두워진 후에 서울을 향하여 전진하였다. 영등포를 거의 벗어날 무렵 도중에서 자동차를 멈추고서 승차하여 서울시 명동 가에서 하차하였다. 그리하여 명동 뒷골목으로 걸으면서 여기 저기 살펴보아도 마땅히 들어설 곳이 생각나지 않아서 을지로2가 용봉여관에 투숙하였다.

오랜 위장병으로 몸이 너무 쇠약하고 만성적인 설사와 복통으로 괴로울 뿐만 아니라 당장에 의지할 곳이 없는 형편인지라 병원으로 갈 것을 생각하였다. 그 익일인 8월 1일 세브란스 제1 내과에 가서 진료를 받고 입원해서 정확한 종합 진료를 받으면서 치료하기로 되었다. 입원장을 가지고 총무과로 가라고 함으로 총무과에 가서 입원수속을 취하려고 하여도 지금 방이 없으니 몇 시간 기다려달라고 하였다. 기다리다가 못해서 여관에 돌아와서 중식을 하고 오후에 다시 가 봐도 해결을 보지 못하였다. 그 익일 오전 10시에 오라고 하기에 정해에 가보아도 해결은 되지 않고 미안하다고만 하면서 아직 빈 방이 나지 않았으니 조금 더 기다려 달라고 하였는데 그날도 해결이 못 되었다.

다시 그 다음날 찾아가도 역시 방이 나지 않았기 때문에 차를 빌려 타고 혜화동 수도의과대학 부속병원 내과에 가서 진료를 받은 즉 병이 여러 가지가 있는데, 역시 입원하고서 자상한 종합 진료를 해서 정확한 결론이 나는 대로 지금 곧 치료를 하면 될 수 있겠으나 시일이 너무 오래 지나면 좀 곤란하겠다고 말하였다. 여러 의사선생들이 같이 보고 그렇게 말한다. 나는 그러면 입원치료를 받겠습니다 라고 말한 즉 그날로 입원장을 가지고 경리과를 거쳐서 신 병실 52호 병실에 입원이 되었다. 그 병실에는 인천시 송림동 □□□□ 김ㅇㅇ이 금년생 남아의 병 치료를 위하여 자기 부인 우씨와 그의 처남 우ㅇㅇ과 같이 간호를 하고 있었다. 7일 경 나는 우ㅇㅇ에게 부탁해서 백 불짜리 1매를 9만 6천원에 교환해 온 것을 우ㅇㅇ에 1천원을 사례하였다. 그동안 김ㅇㅇ의 동업자 한 사람과 그의 인척 몇 분이 문병차로 출입한 일이 있다. 8월 8일 김ㅇㅇ은 그 어린 아이를 데리고 퇴원하였다.

나는 그 방에서 혼자 있다가 8월 12, 3일경에 3층 11호실로 옮겼다. 그 후에도 우ㅇㅇ은 몇 번 찾아왔다. 그것은 내가 김ㅇㅇ과 대화 중 그가 광목 중간도매상이라고 하기에 나도 그러한 간단한 상업 방면에 조금 의사가 있는 뜻을 말한 즉 그는 적극 권한 사실이 있으며 자기 처남과 접근해서 상업상 의논할 것을 무방하게 여기는 것 같았다. 그 후 우ㅇㅇ이 찾아와서 김ㅇㅇ의 안부 인사를 전하면서 광목을 지금 시세에 수매해두는 것이 유리하겠다고 권한다는 뜻을 말하였다 그때에 우ㅇㅇ을 통하여 다시 백불 1매를 9만 9천 5백원에 교환하여 왔다. 2천 5백원을 그에게 사례하였는데 그는 광목 매수할 것을 다시 권하기에 치료가 더 좀 진행되어 몸이 좀 회복된 후에 좀 더 고려하여 보자고 말한 즉 그는 매우 성급한 태도로 돌아갔다. 그 후 다시 그는 찾아와서 나의 가족의 간병보호자가 없는 것을 수상하게 생각하는 의미의 말이 있고 불원만한 태도인 것 같이 돌아갔다.

8월 12일부 경향 신문 광고에 구 은인(求 恩人)이라는 제하의 광고가 있었는데 모 국립대학 3학년 보을ㅁ서 학교등록금 8만원이 없어서 곤란하다는 내용이었다. 나는 그를 만나고 싶다는 편지를 냈더니 16, 7일경에 그가 심방하였는데 부산해양대학 3년인 김ㅇㅇ이다. 신문에는 김ㅇ이라 하였던 것이다. 내가 그를 만나보고 싶다는 편지를 보낸 뜻은 두 가지가 있었다. 첫째 건강한 몸에 저능한 학생이 아니면 무조건 8만원은 보조해주고 싶었다. 그 이유는 민족 간부 양성문제가 중요시되는 점과 남한에 있던 나의 혈육들이 천행으로 생존하였을지라도 그들이 기아와 무지에서 울고 있을 것이 연상되는 것이었다. 둘째로는 현금(現今) 내가 어디서 첫 발걸음을 옮길 수 없는 처지에 있음으로 역시 다소라도 편의를 얻을 가능성이 있지나 않겠는가 하는 생각이었다.

만나서 요해하여 본 즉 건강조건이나 학업성적이 열등하지 않은 것을 짐작할 수 있었다. 여기까지 대략 알 만큼 되는 데는 일주일 정도 걸렸었다. 그것은 내가 병석에 누워있는 관계로 누구와 길게 이야기를 하기 어려웠기 때문이다. 그리하여 학생의 누님이 한번 찾아온 것을 내가 도와드릴 사람으로 기대는 말라고 하면서 마음으로 동정하는 정도의 친구로만 생각하라고 하면서 긴 말을 하지 않고 곧 돌아가게 하였다. 24일 학생에게 친척이나 우인 또는 신문광고 후 누구로부터서나 학교 등록금문제를 상의할 만한 데가 없느냐고 물어본 즉 전혀 없다고 그는 말한다. 그는 나에게 향하여 등록금문제 해결에 도움을 줄 가능성 여부를 알고 싶어 한다고 말한다. 나도 경제능력이 없는 사람이지만은 도와드릴 뜻이 있다고 대답하였다.

그리하여 이번 등교 시에 반액을 가져가고 나머지 반액은 추후에 보내줄 뜻을 말하였다. 그가 9월 1일 등교를 위하여 8월 31일 출발하겠다고 하기에 29일 쯤 출발하도록 해보라고 말한 즉 그는 이일 당겨서 출발하라는 이유를 묻는다. 그것은 내가 곤란한 사정이 있으니 부산가는 도중 다른 지방을 좀 들려서 나의 편의를 봐주었으면 좋겠다고 말한 즉 그는 그렇게 해주겠다고 대답하였다. 그것은 나의 가족의 생사존망 여부가 알고 싶어서 나의 고향 전 거주지에 그로 하여금 들려서 알아보게 하려는 뜻이었다.

나는 그 후부터 다음과 같은 것들을 부탁하였다. 즉 내가 병원에서 소

요되는 식료품을 구입하는 것과 편지 한 통 전달해 줄 것과 내가 알고자
하는 몇 사람의 주소를 조사해보려고 한 것이다. 그리하여 약간의 식료
품구입은 해결하였다. 한 통의 편지를 전달하려던 것과 몇 사람의 주소
를 알아보려던 것은 실현되지 못하였다.

한 통의 전서를 하려든 것은 다음과 같은 내용이다. 내가 북한에 있을
당시 작년 8월경 신○○, 별호는 아산(?)이라는 사람을 상봉한 사실이 있
는데, 그가 말하기를 자기는 인도나 혹은 소련에 가서 수년간 유학을 하
게 된다고 하였는데, 그 후 그의 소식은 알 수 없었다. 그 후 내가 노동당
의 초빙으로 밀봉교육을 받은 경험에서 생각할 때 그가 혹시 대남공작에
파견된 사람이 아닌가? 하는 추측이 있게 되었고, 또 그가 년 전 어느 때
담화과정에 대한민국 사회보건부장관 ○○○씨가 자기고향 친구라는 말
을 들은 사실이 있다. 만일에 그가 남하를 한 사람이라면 과거 그의 친우
라는 ○○○씨를 접촉할 수 있지 않겠는가? 하는 추상이 서게 되었다. 밀
봉교육에 의한 대남공작의 원칙상으로는 횡적관계를 가질 수 없게 된 것
은 사실이나 내가 목하 어디에도 의거할 첫 출로가 타개되지 않고 있는
사정에서 궁여지책에서 구상하였던 것이다.

횡적관계를 발생하지 않으려는 것은 각자의 신변안전과 자기사업 확보
를 위하여 부득이한 일이지만은 요행히 그를 만나게 된다면 내가 일시라
도 위험하지 않은 곳에 의지하여 우선 숨 돌릴 조건이라도 얻어보려는
심산인 것이다. 물론 그의 남하여부와 ○○○씨와의 접촉여부와 또 그가
나와의 상봉할 가능여부에 대한 것이 모두 미지수일 뿐 아니라 나 자신
도 또한 그를 무경각(?)하게는 대면하지 않으려는 용의를 하고 있었다는

것은 편지 내용을 읽어본다면 간취될 수 있는 것이다.

뿐만 아니라 나도 최소한도의 요구조건인 첫 번 숨 돌릴 수 있는 곳만 편의를 본 다음에는 물론 나 자력으로 제2단계부터서는 합법 전취의 토대를 닦는 데에 그와 절연하면서 자기행방을 은폐할 것은 더 말할 것이 없는 일이다. 내가 합법적 생활토대를 구축하기 위하여, 또 위급한 경우에 순시적으로라도 피신처를 물색해두려는 심산에서 이러저러한 사람들의 소재와 □체와 생활현장 등을 조사 요해할 목적으로, 서울에 내가 들어온 후부터 조사하려든 사람들은 다음과 같다.

> 여기에는 남한에서 그가 만나보려고 했던 사람들에 대한 간략한 소개가 있다. 또한 서울에 있는 병원에서 만났던 학생 및 포목상과 대화했던 내용에 대해서도 간략하게 설명하고 있다.

단기 4290년 9월 3일
右 선태섭
인천경찰서장 귀하

2. 인천경찰서, 1957년 선태섭 심문조서

1957년도 피의자 심문조서(인천경찰서)

피의자 신문조서(1회)

피의자 선태섭
우자에 대한 국가보안법 및 간첩 피의사건에 관하여
檀紀 4290년 8월 26일 오전 11시 분 인천경찰서에서 사법경찰관 사무
취급 경찰 李○○은 순경 洪○○를 참여시키고 피의자에게 대하여 신
문함이 左와 같다.

문 피의자의 성명, 연령, 직업, 주거 및 본적지는 어떠한가.
답 성명은 선태섭 서명
　　연령은 54세
　　직업은 무직
　　주거는 서울특별시 성동구 혜화동 수도의대 부속병원
　　본적은 전남 구례군 마산면 청천리 153

此時에 피의사건을 고하고 당해 사건에 관한 심문에 대하여 진술을 거
부할 수 있음을 고한 즉 피의자는 심문에 응하여 사실을 임의로 진술
할 취지를 대답하다.

문 훈장기장을 가졌거나, 연금을 받거나, 혹은 공무원의 직에 있는 자
　　가 아닌가?

답 해당사실이 없습니다.

문 종래에 형벌을 받은 사실이 있는가?
답
1. 단기 4261(1928)년 7월경 출판물위반죄로 전남 광주경찰서에 피의
   되었다가 동년 12월 20일 대구복심법원에서 금고 6월형을 받은
   사실이 있고,
2. 단기 4263(1930)년 7월경 치안유지법 위반으로 경기도 경찰부에
   피의되었다가 단기 4265년(1932)년 4월경 서대문형무소에서 예심
   면소로 석방된 사실이 있고,
3. 단기 4267(1934)년 6월경 전남경찰부에 피의되었다가 동년 11월
   27일 치안유지법 위반죄로 전남 광주 지방법원에서 징역 2년 언
   도를 받은 사실이 있고,
4. 단기 4269(1936)년 10월 31일 상해죄로 광주 지방검찰청 순천지청
   검찰국에서 기소유예 처분을 받은 사실이 있고,
5. 단기 4271(1938)년 1월경 비밀결사 혐의로 전남 영광경찰서에 피
   의되었다가 동년 10월경 석방된 사실이 있습니다.

문 가족관계는 어떠한가?
답 본적지에는
    처 정성례 當 45세
    장남 선진규 當 20세
    2남 선만규 當 19세
    3남 선봉규 當 16세
    2녀 선덕례 當 23세

3년 선숙자 當 14세

4년 선혜자 當 11세

等 7名이 거주하고 있고

북한에는 前 주거지인 평양시 적임동 10반에

처　이현옥 當 39세

장남 선동규 當 3세

2남 선홍규 當 1세

등이 거주하고 있는데 同 북한에 거주하는 가족들은 제가 월북하여 아내를 얻은 것입니다.

문 학력 및 경력관계는 어떠한가?

답 저는 본적지에서 亡父 선필근의 장남으로 출생하여 當 5세 때 아버지를 사별한 후 편모슬하에서 성장하여 가정이 빈곤한 관계로 향리 한문 서당에서 독서하여 오다가 당 18세 때 향리 보통학교에 입학 23세 때 향리 구례 보통학교를 졸업하는 과정에 早稻田대학(일본 와세다대학) 통신중학 강의록을 구독 수료하고 同대학 정치·경제 강의록을 수료한 후

당 24세 때 조선일보 구례지국 기자로 3년간

조선일보 구례지국 지국장으로 7년간 활동하여 오는 과정에서

25세 때부터 구례 청년동맹 및 소년동맹 위원장

신간회 구례지회 상무 간사

전남도 청년연맹 상무 집행위원

전남 노농협의회 조직 책임자

구례 체육회 회장

등으로 활약하여오다가 조선일보가 단기 4273(1940)년 폐간 처분을 당

한 후인 씀 37세 때부터 8 · 15해방 때까지

　　구례 번영회 회장

　　서울 중앙동 소재 대동산업주식회사 취체역

　　순천 제면주식회사 취체역

　　구례 금융조합 감사역

　　광의양조장 경영

등등으로 활동하다 8 · 15해방 後인

　단기4278(1945)년 8월 17일 구례군 인민위원회 선전부장

　　　　　　　동년 9월 2일 전남 도 인민위원회 재정부장

　　　　　　　동년 10월 20일 조선공산당 전남도당에 입당

　　　　　　　동년 12월 25일 전남도당 재정부장

　단기 4279(1946)년 1월 2일 구례 조선 민족문제통일협의회 대표위원

　단기 4279(1946)년 2월 15일 민족주의민족통일전선 중앙위원

　단기 4279(1946)년 5월 영등포 조선 피혁주식회사 상무 취체역등으로
　　　　　　　활동하다가

　단기 4279(1946)년 8월 18일 평양에 월북한 후

　단기 4279(1946)년 9월 14일 북조선 직업총동맹 사회보험부장 대리

　단기 4280(1947)년 3월 동방산업주식회사 사장

　단기 4284(1951)년 4월 28일 상업성 산하 평양시 사회급량 관리소 창고
　　　　　　　담당을 歷任 동 급량과장

　단기 4287(1954)년 1월 국영 평양서짐 지배인

　단기 4288(1955)년 1월 동 중앙도서 배포소 도서부원

等으로 활동하였습니다.

문 재산 및 생활정도는 어떠한가?

답 본적지에는 당시인 해방 무렵에

　田　3천 坪

　畓　1천 평

　임야　15천 평

　한국식 기와집 6동 및 양조장 1개소 等이 있었으나 현재는 어떻게
　되었는지는 알지 못하고, 북한에는 동산, 부동산을 합하여 없고 생
　활은 북한에서 중류 정도의 생활을 유지하였습니다.

문 종교 관계는 어떠한가?

답 저는 남한에 있는 가족이나 북한에 있는 가족 등을 위시하여 종교
　를 신봉하는 자는 없습니다.

문 취미 및 기호 관계는 어떠한가?

답 취미는 별로 없고, 기호로는 제일 등산을 좋아합니다.

문 흡연 및 주량 정도는 어떠한가?

답 담배는 일일 평균 궐연 2, 3개 정도이고, 술은 마시지 못합니다.

문 독서 관계는 어떠한가?

답 정치에 대한 서적과 역사에 대한 서적인데 그와 동시에 경제학 등
　을 탐독하였습니다.

문 가족 중 좌익에서 활약하던 자는 누가 있는가?

답 남에 와서 들은 바 저의 친동생인 선태옥(當 51년)은 과거 여순반
　란사건 당시 가담하였던 관계로 그 후 생사존망을 알지 못하며 처

정성례는 6.25 당시 광의면 여맹위원장으로 활동하고, 처남인 정경
렬, 정양기는 여순반란사건 당시 살인, 방화 등으로 혹독하게 활동
하다가 정양기는 총살당하고, 정경렬은 자수하였다는 말을 들었습
니다.

문 가족 및 친척 중 월북한 자는 없는가?
답 저 외에는 없습니다.

문 정당·사회단체 관계는 어떠한가?
답 정당으로는
　단기 4278(1945)년 10월 20일 당시 조선공산당 전남도당에 입당하고
　단기 4284(1951)년 1월 14일 당시 북로당 평양시당에 재입당하고
단체로는
　단기 4279(1946)년 2월 16일 민족주의민족통일전선에 가입하고
　단기 4279(1946)년 9월 14일 직업총동맹에 가맹한 사실이 있습니다.

문 피의자의 주의사상은 어떠한가?
　답 제가 혁명이라고 할까 민족운동이라고 할까, 소위 정치운동을 하게
된 동기로부터 말씀하면 제가 어려서인 소년시절에 어머님으로부터 나라
의 빈천한 사람들을 위하여 장래의 훌륭한 인물이 되라는 훈육을 받았다.
그것은 저의 외조부가 갑오농민전쟁 당시 구례지방 수반으로 활동하다가
경군에게 총살을 당한 것이 저의 어머님으로서는 철천원한이 골수에 사
무쳐 있었기 때문이다.
기미년 3.1운동을 계기로 투쟁의 영향은 어린 저의 가슴에도 민족적 충동
과 의식이 싹트기 시작하였다. 이리하여 식민지 피압박 약소민족으로서

의 자각과 일제에 대한 적개심이 저에게 불붙기 시작하였다.

한문서당에서 공부를 하다가 18세에야 보통학교를 입학하고 보니 이미 배운 한문의 실력과 연령 관계 등으로 말미암아 초등학과에 만족할 수 없고 보통학교에 재학 중 早稻田(와세다) 대학 통신 중학 강의록을 구독 수료하고,

다시 동 대학 정치 경제 강의록을 구독하는 한편 당시 우리나라에서 간행되는 이러저러한 출판물들을 탐독하는 동안 어느덧 조국애와 저의 사상의식 발전에 박차를 가하게 되었다. 이 동안 학교 내에서는 학생들을 망라하여 흥학단이라는 것을 조직 지도하였고 자기 동리에서는 농민들을 계몽하려고 농민야학을 계속 진행하였다. 이러한 동안 당지(當地)에 있는 신문지국과 좌경적인 청년당에 출입이 잦아지게 되면서 더욱 반항심이 굳어졌다.

식민지노예교육을 반대하는 동맹휴학을 조직, 단행하다가 무기정학 처분을 당하게 되었다. 당시의 가정생활은 빈곤이 닥쳐오고, 상급학교를 계속할 형편도 되지 못하였다. 일본인 교장이란 자는 제가 온건하게만 하면 소위 촉탁 교원으로 졸업 즉시 채용하겠다고 회유조로 대하는 것이 더욱 가증하게만 보였다. 이러한 과정 당시 우리의 말과 일문으로 된 사회주의 좌익 팸플릿 等을 무비판적으로 탐독하는 동안 사회 사조에도 약간 감염되었다.

러시아의 10월 혁명이라는 것이 '짜르' 제정 하에서 신음하던 무능한 약소민족들과 근로인민들이 해방을 얻게 되었다는데 대하여 동정을 가지게도 되었다.

정의와 진리와 새로운 것을 사랑하는 청년들에게는 한껏 고무화 되기도 하였다. 어렴풋이나마 우리민족의 자유와 해방을 위한 독립투쟁에도 광

명을 전망하게도 된 것 같다.

당시 해내, 해외에서 집요하게 싸워 오는 애국투사들에 대한 다함없는 끝없는 존경과 사랑을 가지게 되었고, 전국 각지에서 3 · 1운동 후 우후죽순처럼 일어나는 청년 · 여성 · 노동자 · 농민단체 등에 대하여도 해방적 성격을 인식하게 되었다. 보통학교를 간신히 졸업은 하게 되었으나 나아갈 길은 막혔었다.

단기 4258(1925)년 경남 하동 쌍계사에서 개최된 영남 · 호남 기자대회에 참석하여 선진인사들과 조선해방투쟁의 선구자들과도 접촉되었다. 이때에 영웅심의 발동과 함께 학문을 계속하기 위하여 중국이나 혹은 일본 또는 소련으로 진출하려고 의도하였으나 여러 사정으로 저애되어 그 뜻을 이루지 못한 채 자가에서 밤을 낮에 이어 가는 정도로 독서에 열중하였다.

단기 4259(1926)년 4월부터 조선일보 구례지국 기자로 생업을 삼게 되었으나 이것은 한 개의 방편일 따름이고 직업적 해방 투쟁에 헌신할 것을 굳게 결의하고 농민투쟁과 청년, 소년 운동에 몰두하게 되었다.

단기 4260(1927)년부터는 구례 청년동맹 및 소년동맹 위원장으로 활약하였고 신간회 구례지회 간사로 사업하게 되었다. 신간회의 정강에 저는 사상적으로 완전히 공명하게 되었다. 그것은 3 · 1운동 전후 우리나라 해방투쟁을 민족주의가 영도하였다면, 단기 4253(1920)년대 이후부터는 점차적으로 사회주의 사조와 계급투쟁의 사조가 대두하게 되어 반 일제 투쟁 역량이 분열되는 것에 대하여 매양 유감으로 생각하고 있었기 때문이다. 우리나라가 일제의 식민지 기반 하에 있는 만큼 사회주의 혁명이란 것보다 민족혁명이 선차적 과업이 됨으로 일제에 대하여 항쟁 요소가 있는 각계각층과의 광범한 통일전선으로『전 민족적 총 역량을 집중 통일하며, 민족적 단결을 공고히 하며, 기회주의를 일체 부인한다』는 것이 신간회의 3대 강령이었다. 이때 일제 금융자본은 도도한 공세로 침투함에 따라 빈약한 농업생계를 영위하는 저의 가정 경제 형편은 그 근저로부터 확정되었다. 이러한 자신의 물질적 생활처지는 악질 고리대금업자와 친일원흉인 매국노 등들에 대한 증오감도 없지 않았다.

앞서 6.10만세 독립투쟁은 저의 민족적 적개심을 격화시켰으며, 일차 조선공산당 사건은 저의 해방 투지를 북돋았다. 이 당시 신간회 관계로는

　李○○, 權○○
　洪○○, 安○○
　宋○○, 金○○

제 선배들과 또는 공산주의자로는

　金○○, 宋震

등과 접촉하였고

청년운동관계로는

　金○○, 張○○
　羅○○, 尹○○

등과도 접촉하였다.

단기 4261(1928)년 청년 및 소년운동 관계로 광주경찰에 피검되어 그 후 동년 12월 21일 대구복심법원에서 금고 6월형을 받은 후로부터 한층 더 투지는 치열하게 되어 혹은 합법단체에서, 혹은 비합법 투쟁을 계속 추진함에 따라 반 日帝 사상은 해소될 수 없는 정도로 굳어지게 되었다. 이것은 탄압에 대한 반발이라는 이세의 귀결이다. 이와 같은 사상적 영역과 투쟁 경력의 기초 위에서 8·15해방의 감격은 남 못지 않았다. 자유와 해방을 가지게 된 우리나라에서는 민족문제의 해결과 국가 건설에 있어 사상적 이념과 정치노선 문제에

대하여 여러 가지가 있을 수 있다. 해방된 동년 9월부터 시초 정당으로서 공산당과 한민당이 창당되었는데 전 민족의 국가생활에 있어 다같이 진정한 해방과 번영을 가져오기 위해서는 가장 불행한 처지에 있던 근로인민의 입장에서 나가는 것이 정의가 있다고 생각하고, 공산당에 가담하게 되었던 것이다.

공산주의에 대한 저의 지식정도는 철저치 못한 "소박"한 것이었으나, 근로인민의 이익을 철저히 옹호한다는 긍정적 면만을 믿었던 것이다. 그것은 노동자들의 정치 경제력 열의가 높아질수록 그들의 애국적 열성이 제고될 수 있고, 이것을 기업가, 상인들의 사업열과 결부시키는 데에 성공한다면 부강한 조국을 건설할 수 있는 전망이 있고, 농민들의 경제적 처지를 근본적으로 개선하지 않고서는 우리나라 농촌에서 낙후한 봉건적 생산관계가 청산될 수 없다. 농촌경제 관계를 합리화적으로 해결함으로서만 농민대중들의 증산 열의와 애국열정을 제고할 수 있다고 사료하였던 것이다.

문 그러면 공산주의 사상을 포섭하고 활동한 상황은 어떠한가?

답 8.15전에는 어렸을 때부터 공산주의운동 관계 사회주의운동으로 반일제에 항거하여 오면서 누차에 걸쳐 투옥 및 처형된 사실이 있는 바, 이로 인하여 더욱 공산주의에 대한 사상이 강하여지게 되고, 그 후 8.15 해방 후 근로대중의 이익을 위하여서는 공산주의 정치만이 유일한 노선이라 확신하고 향리 인민위원회 선전부장, 전라남도 인민위원회 재정부장, 전남 도당 재정부장 등으로 활동하여 오면서 조선공산당에 정식 입당한 후 계속하여 민주주의 민족전선 중앙위원 등으로 활동하다가

단기 4279(1946)년 8월 15일경 당시 조공당 책임비서 박헌영의 신임

파견장을 휴대하고 월북하여 (괴뢰집단) 산하 단체인 동방산업주식
회사 사장을 위시하여 직업총동맹 사회 보험부장 대리 및 중앙서점
지배인, 중앙도서 배포소 도서부원 등으로 활동하다가
단기 4289(1956)년 11월부터 중앙당 간부 초대소에 소환되어 이때부
터 대남 정치교육을 약 7개월간 받고, 금년 8월 30일경 남하 서울
에 잠입, 암약하였던 것이올시다.

문 이상 진술이 사실이 서로 어긋남이 없는가?
답 사실과 다름이 없습니다.

右 조서를 진술자에게 열람하게 하고 읽어주고 기재내용에 오기의 유
무를 물은 칙 오기와 증감 변경할 점이 없음을 진술하고 간인한 후 서
명 날인하다.

진술자 선태섭

단기 4290년 8월 27일
인천경찰서
사법경찰관사무취급
경사 ○○慶
입회인 사법경찰리
순경 洪○○

No. 208 ~ No. 226 (18쪽 36장)

피의자신문조서(제2회)

피의자 선태섭

右者 국가보안법 및 간첩 피의사건에 대하여 단기
4290년 9월 4일 오전 10시 인천경찰서에서 사법경찰관사무
취급 경사 ○○慶은 순경 洪○○를 참여시켜
전회에 계속하여 심문하기 좌와 같음

문 전회에 진술함이 사실과 서로 어긋남이 없는가?
답 전회에 진술함이 사실과 다름이 없습니다.

문 그러면 피의자의 별명 및 가명 등은 어떠한가?
답 저는 아명은 없고 호를 이산(異山)이라 하고, 전반적인 대남 공작의
   교육을 마치고 남파할 때부터 김재권(金在權)이라는 가명을 사용하
   게 되고, 또한 남파할 때 제 증명서(위조)도 김재권으로 기재하여
   월남 후 계속하여 사용하고 있었습니다.

문 그러면 조선공산당 및 북로당이 대한민국과는 어떠한 정당이라고
   생각하는가?
답 북로당 및 조선공산당의 정강정책이 대한민국의 헌법에 배치될 뿐
   아니라 8·15해방 후 38선이 생기고, 북한에는 소련군이 주둔하여
   공산주의 정치를 실시하게 되고, 남한에는 미군이 주둔하여 자본주
   의인 민주주의 정치를 실시하게 되자 당시 전술한 바와 같이 우리

한국의 근로인민 대중의 복리를 증진하고 옹호할 수 있는 것은 오직 공산주의 정치노선만이 살 길이라는 것을 확신한 나머지 8·15 해방과 동시에 조선공산당에 입당한 후 당시 미군정과 대한민국 정부수립을 적극 반대하는 한편 자파세력을 부활시키고, 공산주의 정권을 수립하기 위하여 선봉적인 입장에서 활약하다가 시종일관 남북을 통하여 목적하였던 정치를 성공시키기 위하여 해방 다음 해 월북하여 북로당에 재 입당하는 동시 계속하여 활약하여 오다가 동당(同黨)의 지령으로서 대남 공작의 교육을 받고 월남하였음으로 결과적으로 대한민국을 전복하려는 당이라는 것과 또한 제가 직접적으로서 남파하여 활약하였던 것이올시다.

문 그러면 피의자가 과거부터 현재까지 주의 주장하던 공산주의 정권을 수립하기 위하여 활약한 점 등을 상술하라
답 말씀하겠습니다.

제1

단기 4255((1922)년 9월 일자 불상 경 구례보통학교 재학 시(19세 때) 동 교내에 학생을 총망라하여 흥학단을 조직하여 지도, 동맹휴학하는 한편 농민계몽 운동의 일단으로 농민야학을 실시하여 조국애와 사상의식의 발전과 식민지 피압박 약소민족으로서의 자각과 일제 탄압에 대한 적개심을 고취시키는 한편 농민투쟁과 청년, 소년운동에 몰두하여 오다가
단기 4260((1927)년 4월경 구례 청년동맹과 소년동맹 위원장으로 피선되어 일제식민지 탄압에 항거하는 청·소년 운동에 박차를 가하여 오면서

단기 4260년 6월 4일 사회주의로서 일제탄압에 항거하며 민족운동을 전개하기 위하여 구성된 신간회 구례지회를 조직, 구성함과 동시 동 상무 간사로서 계속하여 농민 및 청·소년 운동에 전력을 경주하는 한편 공산주의 정치노선에 공명하고 당시 공산주의자로서 지도격인 송진 등과 합류하여 일제탄압에 항거하며 민족운동으로 전개하여오다가

단기 4261(1928)년 7월경 출판법 및 보안법 위반으로 전남 광주 경찰서에 피검되었다가 그 후 동년 12월 20일 대구복심법원에서 금고 6월형으로 받은 사실이 있었고,

제2

단기 4262(1929)년 9월경부터 전라남도 청년연맹 상무 집행위원으로서 청·소년들의 조직사업과 조사연구 사업 운동을 전개하다가 동년 11월경 전남 장성경찰서에 피검되었다가 익년(1930) 3월경 석방된 후 동년 3월경부터 전남 청년연맹과 조선 청년총동맹 중앙을 국면 수습하려고 혹은 합법 혹은 비합법적으로 지하에서 활약하다가 동년 7월경 치안유지법 위반 피의사건으로 경기도경찰부에 피검되었다가 단기 4265(1932)년 4월경 예심 면소로 서대문형무소에서 석방된 사실이 有하고,

제3

단기 4263(1930)년 4월경부터 전라남도 노농협의회 조직사업 운동을 전개하여 오다가 동년 6월경 치안유지법 위반사건으로 전남경찰부에 피검되어

단기 4267(1934)년 11월 27일 전남 광주지방법원에서 징역 2년 언도

를 받은 사실이 有하고

그 후인 단기 4269(1936)년 및 단기 4271(1938)년 2차에 걸쳐 전남 경찰부 및 영광경찰서에 피검되었다가 석방된 후 향리에서 실업계통으로 광의양조장을 경영하여오다가 8.15해방을 맞이하였습니다.

문 그러면 8.15해방 후 활동한 사실은 어떠한가?

답 8.15해방이 되자 근로인민대중이 살 수 있는 길은 오직 공산주의 정치노선만이 유일한 노선이라 확신하고,

제4

단기 4278(1945)년 8월 17일 구례군 인민대회를 개최하고 구례군 인민위원회를

위원장	金○○(월북)
부위원장	黃○○(구례)
총무	姜○○(월북)
조직	宣太燮(월북)
선전	宣太燮(월북)
재정	朴○○(不詳)
기타	未詳

등으로 구성, 조직한 후 우리에게는 자유와 해방이 왔고 일제의 통치는 허물어졌다. 우리는 아직 국가주권을 수립하지 못하였고, 정치적 진공상태에 처하게 되자 군민의 총의에 의하여 초보적, 중앙집권제적 방식으로 부락에서 면으로, 면에서 군에 이르기까지 주민대회와 선거를 통하여 인민위원회를 구성한 만치 이것을 적극 지지하고 건전한 활동으로 함께 함으로서 당면 정치·경제·사회적 질서를 엄격히 유지하

고 민주조국건설의 토대를 이루기 위하여 선전사업에 활약하고,

제5

단기 4278(1945)년 8월 30일 전남 구례군 산하 각 리 및 각 면 선거를
통한 군민대회에서 전남도 구례군 대표로 선발되어
동년 9월 2일 전라남도 인민위원회로서

위원장	朴○○(死亡)
부위원장	金 ○(광주)
총무	張 ○
치안	李○○(사망)
선전	崔○○(不詳)
지방	曺○○(광주)
재정	宣太燮
상공	趙○○(사망)
양정(糧政)	張○○(사망)
교통	不詳
문교	金○滿(未詳)
기타	未○

등으로 구성 조직한 후
동도(同道) 산하 각 군, 각 면에 이르기까지 재정조달을 완수하는 한편
양곡을 확보 및 조달에 책임을 완수하고 산하 인위를 지도, 강화하였고,

제6

단기 4278(1945)년 9월 7일 전남도 건국준비위원회와 중앙 건국준비위
원회의 유기적인 연계를 맺기 위하여 전남도 인민위원회 대표로 서울

에 상경, 중앙 건준 대표 격인 추○○과 접견하고 앞으로 건준을 발전
시키는 문제로서 각 지방 건준과의 끊임없는 유기적 연계를 가지도록
하자고 합의를 보고, 동월 6일 밤에 조선민주주의 인민공화국이 선포
되자 이를 반대하는 동시에 각 정당 사회단체를 총망라하여 연합정부
를 수립하자고 강경히 주장하였으나 관철을 못시키고 동월 14일 귀향
한 사실이 有하고,

제7

  동년(1945) 10월 20일 조선공산당 전남도당 광주시당에 입당한 후
  동당의 정치노선인 근로자·농민·지식층 근로인민대중의 이익을
  위한다는 미명 하에 활약하였고,

제8

  동년(1945) 12월 24, 5일 전남 도당대회에 광주시당 대표로 참가하여
  전남도당 재정부장으로 선발되어 동도(同道) 산하 각 군당, 각 면당
  에 이르기까지 당 운영 사업의 자금을 조달하는 등으로 활약함으로
  써 공산당 사업 발전에 기여하였고,

제9

  동년(1945) 12월 29일 (모스크바) 삼상회의가 결정되며 신탁통치 문
  제가 나오자 이에 공명, 찬동하게 되자 此에 좌·우익이 완전히 분
  열됨과 동시 각 지방에서 좌우익 진영이 정면충돌이 발생할 위기에
  직면하게 되자
  단기 4279(1946)년 1월 3일경 전남 광주에 있는 좌우익 각계 대표자
  들을 2차에 걸쳐 소집, 연석회의를 개최하고, 신탁통치 문제는 우리

국가 민족의 운명에 관계되는 중요한 문제이니 만치 국제·국내 관계를 신중 고려하여 정확히 대처하지 않으면 안 된다는 전제에서 '조선민족문제 통일협의회'를 조직 구성하고, 당면한 좌·우익의 정면충돌을 피하게 하며 유형, 무형적으로 신탁통치의 정당성을 선동하여서 수만 대중들을 공상주의 노선에 귀일케 하였고,

제10

단기 4279(1946)년 1월 상순 일자 불상 경 신탁통치 문제로서 중앙에서 각 도 인위대표자대회 소집에 전남도 인위대표로 참석하여 삼상회의에서 결정한 신탁통치 문제를 좌익 정당사회단체에서는 절대 지지한다는 (것을) 최종적 합의 결정하였고,

제11

동년(1946) 2월 15, 6일 중앙에서 '민족주의민족통일전선' 결성대회에 전남도 인민위원회 대표로 상경 참석하고 동 중앙위원으로 피선된 후 미군정을 적극 비방하는 한편 대한민국 정부수립을 극력 반대하고, (괴뢰) 인민공화국을 수립하려고 기도하였고,

제12

동년(1946) 5월경 당 중앙의 지령에 의하여 재정공작 차 영등포 조선피혁주식회사 상무 취체역으로 취임한 후 약 2개월간 당의 운영자금으로서 당시 약 삼십만 원가량을 중앙당에 제공하는 등 활약하여 오다가

동년(1946) 7월 1일 전남 경찰국 직원에게 피검, 종로서에 구속되었다가 3일 만에 취조 도중 탈출한 사실이 있는데, 그 직후인 8월 18일

월북하였던 것이올시다.

문 이상 진술한 사실이 사실과 다르지 아니한가?
답 틀림없습니다.

右 조서를 진술자에게 열람하게 하고(읽어주고)
기재내용에 오기의 유무를 물은 즉 오기와
증감 변경할 점이 없음을 진술하고 간인한 후 서명 날인 함

진술인   선태섭
단기 4290년 9월 4일
인천경찰서
사법경찰관 사무 ○○
경감 姜○○
참여인 사법경찰리
순경 洪○○

No. 233 ~ No. 294 (61쪽 122장)

피의자신문조서(제3회)

피의자 선태섭

右자 국가보안법 및 간첩 피의사건에 대하여

단기 4290년 9월 6일 오전 10시 인천경찰서에서 사법경찰관 사무취급
경사 ○○경은 순경 洪○○를 참여시켜 전회에 계속하여 신문하기 如
左함.

문 전회에 진술함이 사실과 다름이 없는가?
답 사실과 다르지 않다고 생각합니다.

문 그러면 누구의 지시에 의하여 영등포 피혁주식회사에 가게 되었는
   가?
답 동사 취체역인 崔○○와 중앙당 재정부장 이관술의 추천으로 입사
   하게 되었습니다.

문 그러면 전회에 진술한 바와 같이 종로서에서 탈출, 월북 경로와 월북
   후 활동상황은 어떠한가?
답 전술한 비외 같이 종로경찰서에서 취조를 받는 도중인

제13
   단기 4279(1946)년 7월 3일 탈출하여 당 중앙에 임(臨)하고 부당수격
   인 李○○

비서　　　　李〇〇

중앙위원　　金〇〇

를 통하여 전후사를 보고함과 동시, 월북할 의사를 표시한 바 환영, 찬동하고

동년(1946) 8월 15일자 조선공산당 책임비서 박헌영의 신임파견장을 입수 휴대하고

동월 18일(8월 18일) 서울을 출발, 해주도당을 경유

동년(1946) 9월 1일 평양에 월북도착

익일(1946년 9월 2일) 북로당 중앙당 본부에 파견신임장을 제출하고 당시 중앙정치위원 崔〇〇, 同 조직지도부장 許〇이, 同 간부부장 朴〇〇 等을 면접하고, 소요절차를 마친 다음,

동년(1946) 9월 14일자 중앙당의 파견장을 휴대하고 평양시 중구 대환리 소재 북조선 직업총동맹 사회보험부장 대리로 취임하여

동년(1946) 말경까지 북한 전역에 걸쳐 노동자 및 사무원 등의 보호인 사회보험사업에 활약하고,

제14

단기 4280(1947)년 1월경 재북 남로당의 대변인 李〇〇을 통하여 재남 남로당의 소환을 받고

동년(1947) 1월 30일경 평양을 출발

동년(1947) 2월 초순 일자 불상 경 서울에 도착, 서울특별시 동대문구 동숭동에 거주하는 전기 남로당 중앙위원 金〇〇의 사위인 金〇〇 집에 약 5, 6일간 체류하다가 그 후는 과거부터 친지인, 서울특별시 중구 통의동에 거주하는 金〇〇 집에 머물렀는데, 그 사이 전기 金〇〇와 당적(黨的)으로 수시 상면하며 동인으로부터 남조선에

서는 재정조달 문제 해결이 곤난하니 북조선에 있는 재정 공작기관
을 해체, 청산하고 새로이 능동적으로 할 수 있는 웅대한 기구를 조
직, 발족하여 사업을 전개하여 재정을 조달하라는 지시를 흔쾌히
승낙하고,

동년(1947) 3월 7, 8일경 서울을 출발

동월 상순 일자 불상 경 평양에 도착하자 이미 남로당의 재정을 조
달, 공작하기 위하여 구성, 조직된 평양시 중구 이내리(里內里) 소재
'동방산업주식회사' 사장으로 동월 15일경 취임하여 당시 북한 화폐
로 일천만원가량을 남로당 대변인인 李○○을 통하여 재남 남로당
에 제공하여서 대한민국 정부수립을 적극 방해하는 한편 북로당의
정당원으로 전당되었고,

제15

단기 4284(1951)년 4월 28일경 (괴뢰집단) 상업성 산하 평양시 사회
급량관리소 창고지기(평양시내 중구 所在)로 취임하여 물품출납에
정확과 부패여부 및 완전보관 등으로 책임을 완수하여 오던 중 열
성당원으로 추대되어

단기 4286(1953)년 5월 1일 동 관리소 사회급량과장으로 승진되어
동 산하 평양시내 각 식당의 운영사업으로

1. 손님에게 봉사성을 높이는 동시 친절성을 베풀 것
2. 급량사업의 교화성을 높일 것
3. 음식물의 질과 양을 소정 규격대로 보장할 것
4. 종업원의 낭비현상을 근절
5. 급량관리운영을 합리화
6. 국가의 수익성을 높일 것

7. 인민경제계획 과제를 완수

등으로 책임 완수함으로서 (괴뢰집단) 육성발전에 기여하고

제16

단기 4287(1954)년 1월 일자 불상 경 (괴뢰집단) 산하 국영 평양 서
점(종로동 소재) 지배인으로 취임한 후 활약하여 오다가 열성분자
로 추대되어

단기 4289(1956)년 1월 일자 불상 경 역시 (서구 근오동 소재) 국영
중앙 도서 배포소 도서부원으로 승진되어 평양시내에 있는 중앙급
각 기관들에 대한 해당되는 도서의 원만한 배정과 동 도서 인수의
적정화를 엄격히 행하는 등으로 사업에 활약하여서 (동년 10경까지)
(괴뢰집단) 문화발전에 기여한 사실이 있습니다.

문 그러면 종로경찰서에서 탈주하여서는 어느 곳에 은신하였다가 월북
하였는가?

답 서울특별시 동숭동 번지 불상 남노당 중앙위원 金○○의 사위 金○○
집에 은신하고 앞에서 말한 김광수와 연락하여 파견장을 입수하고
월북하였습니다.

문 종로서에 탈출하여 월북 루트는 어떠한가?

답 서울 마포에서 기범선으로 옹진에 상륙, 해주를 경유, 월북하였습니
다.

문 그러면 월북하였다가 남하할 때의 루트는 어떠한가?

답 평양에서 출발할 때 남로당의 대변인인 李○○의 주선으로 성명 불

상 당 30세가량의 안내자를 대동하고 개성을 경유, 서울에 잠입하여 목적사업을 완수하고 월북할 때 역시 앞에 말한 안내자와 함께 개성을 경유, 월북하였던 것이올시다.

문 그러면 파견장을 휴대하고 월북할 때 단신 월북하였는가?
답 구례군 출신 당원 金○○(當 46세)와 ○○면 출신 비당원 柳○○(當 48세)을 인솔하고 월북하였습니다.

문 그러면 앞서 진술한 중앙 도서 배포소 외에 활약한 내용은 어떠한가?
답 전술한 배포소 외로는 활동한 것이 없고 계속하여 대남 교육공작으로 (지냈습니다.)

제17
1. 단기 4284(1951)년 1월경 노동당 중앙당 소환에 의하여 빨치산으로 출동하라는 지시가 있었고,
2. 단기 4286(1953)년 3월경부터 약 5, 6차에 걸쳐 노동당 중앙당 간부부의 소환에 의하여 대남 공작대원으로 남파하라는 지시가 있었고,
3. 단기 4288(1955)년 9월경부터 단기 4289(1986)년 10월경까지 사이에 10여 차에 걸쳐 노동당 중앙당 간부부의 소환에 의하여 대남 공작대원으로 남파하라는 지시 등이 있었으나 기회를 엿보기 위하여 확답을 하지 않았고,

제18
단기 4289(1956)년 10월 말일경 노동당 중앙당 간부부에 소환되어 역시 대남 공작 대원으로 남파하라는 지시를 흔쾌히 승낙하고,

동년(1956) 11월 초 5일경부터 평양시 서구 감북동 머문 장소는 잘 모르는 곳에 소재한 조선 기와집 한 동, 6간 민간인 집에서 약 5일 간 교육 도중 평양시 남구 류성동 역시 잘 모르는 장소에 있는 한 국식 와가 2동 약 8간되는 민간인 집 빈 집으로 이동한 후 대남 정 치 공작에 대한 밀봉교육으로서 익년(1957) 6월경까지 사이에

1. 정치경제학2. 레닌주의 제 문제
3. 김일성선집
4. 노동당 3차 대회 보고
5. 평화통일에 대한 당 3차 대회 선언서6. 평화통일에 관한 문헌
7. 조국통일 민주주의 전선 중앙위원회의 평화통일에 관한 회의문헌
8. 재북 평화통일 촉진 협의회 결성대회 문헌
9. 모택동 선집
10. 중국공산당 8차 대회 문헌
11. 소련공산당 20차 대회 문헌
12. 박헌영, 이승엽 등의 종파 간첩 도당들의 음모 파괴에 관한 공 판 문헌
등의 교재를 자유로이 연구하는 한편 同 지도원 金○○와 질의, 문 답 혹은 토론 등을 하여 오면서
1. 대한연감
2. 남한기업자명부
3. 서울특별시 전화명부
4. 서울특별시 대관
등을 예의 조사하여, 그 안에 명기되어 있는 과거부터 친분이 있는 인사들로서 현 대한민국의 여·야를 막론하고 정치인으로서 포섭

대상 인물의 명단 ---- 등을 작성하여 동 지도 부원 金○○에게 제출
하였던바 약 1주일 후에 역시 전술한 金○○로부터 먼저 제출한 9명
의 명단을 구체적으로 작성 제출하라는 지시를 받고 그 명단 작성
내용 및 양식으로서

여기에는 선태섭이 제출한 포섭대상 인물에 대한 구체적인 내용(성
별, 연령, 출신지, 지위, 종교, 소속정당, 학력, 경력, 성격과 특징 및 취
미, 정치 경제적 배경 능력 및 친우 관계, 나와의 교제관계, 가족 및 친
척관계, 앞으로 활용가치)과 그들에 대한 정치공작을 추진시키기 위한
밀봉 교육 내용이 적혀 있다. 이 부분은 개인의 명예와 관련된 내용이
들어있고, 연구자의 연구목적과는 관련이 없는 부분이어서 제외시켰
다(편집자 주).

등등으로 명단을 작성하여 동 지도부원 김병하에게 제출한 사실이 有
합니다.

문 이상 진술사실과 다름이 없는가?
답 틀림없습니다.

右 조서를 진술자에게 (열람하게 하고) (읽어주고)
기재내용에 오기의 유무를 물은 칙 오기와
증감 변경할 점이 없음을 진술하고 간인한 후

서명 날인 함

진술인 선태섭
단기 4290년 9월 6일
인천경찰서
사법경찰관 사무○○
경사○○○
참여인 사법경찰리
순경 洪○○

No. 300 ~ No. 337

피의자신문조서(제4회)

피의자 선태섭

右자 국가보안법 및 간첩 피의사건에 대하여

단기4290년 9월 9일 오전 10시 인천경찰서에서 사법경찰관사무

취급 경사○○○는 순경 趙○○를 참여시켜

전회에 계속하여 심문하기 如左함.

문 전회에 진술함이 사실과 다름이 없는가?

답 사실과 다르지 않습니다.

문 그 후 계속하여 밀봉교육 내용을 진술하라

답 전 3회 시 진술 한 바와 같이 포섭 대상들의 명단을 작성 제출 한
3일 후인 동년 2월부터 동 연락부 최부부부장과 조과장 및 동지도
부원 김병하로부터 민주당과 관계인물은 제외하고 자유당에만 공작
할 것을 권고받고 同 교육에 의한 동당(同黨)에 대한 공작내용으로

여기에는 자유당의 性格, 자유당의 構成成分, 자유당의 지도인물,
자유당의 정책의 本質, 자유당에 대한 기본 전략전술, 자유당에 대한
포섭 사업내용, 지하당조직에 대한 교육내용 등이 매우 구체적인 수준
에서 정리되어 있음

공작할 실제적인 내용과 同 당의 역사와 현 실정에 대한 참고 자료로

1. 대한민국의 정전 후 실태
2. 교육 문화의 실태
3. 농촌경제의 실태
4. 노동자 생활의 실태
5. 대한 노총의 실태
6. 남한 신문 등 중 자유당에 대한 기사내용

등등을 전술한 연락부부장 최모, 同과장 조모 및 지도부원 김병하 등과 예의 연구 혹은 질의, 문답 또는 토론 등으로서 자유당에 대한 공작 교육을 마치고,

동년 4월부터

> 여기에는 선태섭이 남한에 내려갔을 때 합법적으로 활동할 수 있는 구체적인 지침 및 내용들, 남한으로 내려가는 과정에서 필요한 내용들 및 소지해야 할 필수물품들이 나열되어 있다.

동년 5월 28일 오후 6시 30분 경 同 지도원 김병하의 안내로 평양역 7시 차로 출발 同夜 12시 30분 경 개성 역에 도착 이미 待機하던 고급 하이야(ハイヤ, 운전수가 딸린 전세 승용차)로 시내 고려동 소재 한식 기와집개인주택에 투숙하고~~~〈1줄 결락〉~~하더니 하루는 현지 사정의 변화가 생겨 출발 불가능하니 다시 평양에 가자고 하여
동년 6월 8일 평양으로 가서 전술 밀봉 교육 초대소에서 대기 중 선편을 이용하여 고양 혹 김포 방면으로 상륙 지점을 고려 중이라고 하더니 동년 7월 초순 경 일자 미상 수원이나 인천방면으로 갈수 있는 화성군 염전부근 지점으로 상륙하기 위하여 지도상 연구를 하여 오다가
동년 7월 29일 전술 지도원, 과장, 부부부장 등이 와서 지금 곧 출발하

지 않으면 8.15 특별 경계~~~〈1줄 결락〉~~

없고 또 8.15 후에는 또 무슨 사정이 생길는지 예측할 수 없으니 오늘 출발 하라는 지시와 함께 동일 오전 8시 30분 또 평양역 發 차로 사리 원에 도착 역전에 이미 대기하고 있던 짚차로서 동일 석양에 해주에 도착 시내 주변 소재 모 개인 주택에서 일박하고 그 지도원으로부터 화성방면이 아닌데 선원의 안내대로 하면 되고 특히 배 안에서는 선원 의 지시에 무조건 순종하며 선원들에게 여기가 어디인가, 지금 몇 시 인가 등등을 묻지 말아 달라~~~〈1줄 결락〉~~

에게 安着 신호로서 무사히 도착하였을 때에는

　　　　동규가 잘 자란다

곤난한 입장으로 도착하였으면

　　　　동규가 잘 있다

라고 신호를 준 후 同日 오후 6시 경 찦차로 해주를 출발, 지명 불상 해안지점에 도착 즉시 작업복, 노동화로 갈아입은 뒤, 승선하며 지도원 김병하와 작별한 후, 오후 9시 경 목조 기범선으로 출발, 시간은 미상 이나 얼마 후 선원의 안내로 육지에 상륙 2, 3백m 행진하며 선원으로 부터 김포 서해안이니 동남 지방으로 향하여 빨리~~~〈1줄 결락〉~~된 다고 하여

同 선원에게 무사히 도착하였다는 안착 신호를 줌과 동시 작업복을 신 사복으로 갈아입은 후, 진행하는 도중 산 중에서 약 1시간가량 휴식하 자 일출함을 보고 계속 행진하여 도보로서 영등포에 도착, 장비품인 우산으로 얼굴을 가리고, 同日 오후 9시 경 도보로서 서울로 향하여 영등포를 벗어날 무렵 자동차에 승차하여 서울 명동가에서 하차 후 명 동 골목으로 걷다가 을지로 2가 소재 용봉여관에 同日 오후 10시 경 투숙하고 ~~~〈1줄 결락〉~~~

> 여기에는 선태섭이 서울에 와서 자신의 임무를 수행하기 위해 사람
> 들을 만나거나 만나려고 하는 제반 과정들이 서술되어있다.

과거 구례 금융조합 이사로 근무하다가 근일 고양 농업은행에 근무하
는 吳○○를 만나서 상호 인사 후 저의 가족들의 생사존망을 알 수
없는가한 즉, 알아볼 도리가 없다고 하기에 몸이 괴로워서 병원에
(세브란스) 입원 수속을 하겠다고 헤어진 후 동일 오후 2시 경
再~~~〈1줄 결락〉~~하고

  동월 26일 피검되었습니다.

문 이상 진술이 사실과 다름이 없는가?
답 사실과 다름이 없습니다.

右 조서를 진술자에게 (열람하게 하고) (읽어주고)
기재내용에 오기의 유무를 물은 즉 오기와
증감 변경할 점이 없음을 진술하고 간인한 후
서명 날인함

진술인 선태섭
단기 4290년 9월 9일
인천경찰서
사법경찰관 사무○○

경사 姜○○
참여 사법경찰리
순경 趙○○

No. 400 ~ No. 419(19쪽 38장)

피의자심문조서(제5회)

피의자 선태섭

右者 국가보안법 및 간첩 피의사건에 대하여

단기4290년 9월 23일 오전 10시 인천경찰서에서 사법경찰관사무

취급 경사 姜○○는 순경 趙○○를 참여시켜

전회에 계속하여 심문하기 如左함.

문 전 회인 1, 2, 3, 4회에 진술함이 틀림없는가?

답 틀림없습니다.

문 그러면 피의자가 탐독하는 좌익서적관계는 어떠한가?

　~~~〈1줄 결락〉~~

　현재까지 탐독한 좌익서적으로서는

　1. 靑年 二 ○○

　2. 경제학 대강

　3. 자본주의 개략/내부구조

　4. 역사적 유물론

　5. クハリン, 스탈린 전집

　6. 정치경제학

　7. 노농 러시아 진상

　8. 사회주의 팸플릿

　9. 소련 볼세비키 공산당 약사

등이었습니다.

문 그러면 피의자는 대한민국을 합법정부로 생각하는가? 아니면 괴뢰 공화국을 합법정부라고 생각하는가?

답 저는 8.15해방 후 전부터 공산주의의 정치이념에서~~~〈1줄 결락〉~~ 민족운동을 전개하여 오다가 8.15 해방이 되자 同 정치 노선에 공명 찬동하고 월북전인 단기 4279(1946)년 8월 16일경까지 동 노선에서 활약하다가 월북하여 월남 잠입하기 직전까지 대한민국을 부인하는 (傀集) 산하에서 활약하다가 (傀集)에서 제기 주장하는 평화통일론을 성취시키려 밀봉교육을 받고, 월남한 간첩인 저로서 이 間題에 대하여 언급하기 싫고, 이미 결정적으로 표현되는 사실이라고 생각하는 바이올시다.

문 그러면 在北 시 부르던 성명은 무엇인가?

답 재북 당시에도 계속하여 선태섭으로 사용하고 김재권이란 성명을 사용하게 된 동기와 일시로는 전반 대남 정치교육을 받고 남파하기 위하여 동 교육 장소에서 동 지도부원 김병하로부터 위장품을 수취할 때, 제 신분증에 김재권으로 기입되었는데 남한 침투하면서부터 同 성명으로 사용하라고 하였습니다.
그런데 전술 변 성명한 성명은 제가 작명한 것도 아니고, 동 연락부에서 자기들이 작명하여 준 것이올시다.

문 그러면 평화통일을 전취(戰取)하기 위하여 국회 및 자유당 내에 침투하여 대한민국 전반적인 분야에서 활약할 시 군사 면에 대한 활약계획은 어떠한가?

답 군사 면으로서는 국회에 침투하여 예산 심의 투쟁에서 국가의 예산을 중점하는 국방비 예산을 결사적으로 삭감(削減)함으로써, 전 국민의 세율이 감하함으로써 평화통일론으로 귀일(歸一)케 하자는 것이올시다.

문 그러면 국방비를 삭감함으로써 군의 ○動이 어떻게 되며 또한 그 반면 괴뢰집단에는 어떠한 이익을 준다고 생각하는가?
답 국방비를 삭감함으로써 군에 대한 전 능력이 감퇴됨과 동시 약화됨으로 결국에는 인민공화국으로 하여금 6.25사변과 같은 再侵의 기회를 주는 것으로서 그 방향으로 유형무형적으로 활약하여 대한민국을 전복케 하는 것이올시다.

문 그러면 피의자가 침투하여 활약할 무대는 어디인가?
답 자유당 중앙당부와 국회에 침투하여 활약하게 되었습니다.

문 그러면 앞에 나타난 위장품을 수취할 시 그 제 증명에 기입한 김재권이란 성명은 누구의 성명이며, 또 누가 기재하였는가?
답 그것은 누구의 성명인지는 모르고, 또한 전술한 바 있듯이 전부 중앙당 연락부에서 작명 기재하여 준 것임으로 그 내용으로서는 잘 모릅니다.

이때 증 제 1 호로부터 증 23 호까지를 피의자에게 제시함

문 이것이 피의자가 대남 정치 공작 대원으로 남파할 시 위장품으로 수취한 것이 사실과 다름이 없는가?

답 이 23조목의 물품이 제가 남하할 시 수취한 위장품 전부가 틀림없
습니다.

문 그러면 앞에서 기록한 위장품 중 회색 양복도 그 당시 수취하였는
가?
답 역시 그 당시 수취한 위장복인데 그것도 연락부에서 만든 것인지
남한에서 제조하였는지는 모릅니다.

문 그러면 미국 본토불(本土弗) 백 불권 17매를 수취하였다고 하는데,
피검 당시 15매밖에 없는데, 그 내용은 어떠한가?
답 전술한 바 도 있지만, 17매를 수취하였으나 서울에 잠입하여 수도
병원에 입원하고 2매를 교환하여 사용하였습니다.

문 한은권(韓銀卷)은 얼마짜리를 수취하였는가?
답 한은권으로서는 천환권, 오백환권, 백환권 등으로 6만 환인데, 그
숫자는 확실히 모르겠습니다. 그리고 그 한은권은 남하 잠입한 후
부터 제가 피검 당시까지 사이에 병원비 기타 잡비로 전부 사용
소모하였는데, 병원비와 기타 잡비의 소비액면은 잘 기억나지 않습
니다.

문 전기(前記) 위장품 중 명함에 기재된 성명은 누구인가?
답 명함 2매 중 1매는 민의원 김○○의 명함이고, 또 1매는 저의 위조
신분증이 서울시 한약업조합의 신분증임으로 이와 연결성을 맺기
위하여 세일약업소 김영기라고 한 것이올시다.
그리고 회중시계는 제가 전부터 소지한 것인데, 앞서 말한 김병하

로부터 제조국명 불상이며 최고급 신사용 팔뚝 시계를 가지고 와서 하는 말이 이 시계를 휴대하는 것보다 연령상으로 보아 회중시계를 휴대함이 규격에 맞는다고 하여 그대로 회중시계를 소지하고 월남, 잠입하였던 것이올시다.

이때 같은 피의자 金○○을 통하여 민의원 전○○에 보내려던 서신을 피의자에게 제시하고

문 이 서신이 相 피의자 金○○을 통하여 전○○에게 전하려던 서신이 틀림없는가?

답 그 서신이 틀림없는데 그 내용으로는 이미 남파된 대남 공작 대원 인 조○○에게 가는 서신을 동봉하여 보내니 미안하다. 조○○에게 전달하여 달라는 내용의 서신인데 그 피봉에는 상주 정○○가 발송 하는 것으로 하여 보내려던 서신이 사실과 다름이 없습니다.

문 그러면 鄭○○는 어떠한 인물인가?

답 그것으로는 전○○의 고향이 상주라는 말을 재북 시 전술한 조○○ 로부터 들음과 동시 전○○과 한 고향이며 소학 동창이라고 하였기 때문에 조○○가 《錢/越》 ○○, 錢○○과 접선되었을 것으로 인정 하고 상주 鄭○○라고 하였는데 그 鄭○○라는 성명은 제가 자작 작명하였던 것으로 전○○이 동 서신을 접하고 비록 모르는 사람이 라 할지라도 고향 사람이 보내는 서신임으로 개봉할 것이라 하여 이와 같이 작성하였던 것이올시다.

문 그러면 前記 조○○와의 관계는 어떠한가?

답 조○○를 알게 된 동기는 제가 북에 있을 때 전술한 동방산업주식
　회사 사장직에 있을 시 대부 관계로 평양시내에 소재한 농민은행에
　를 교섭하게 되자 당시 조○○는 동 은행 총재로 있었음으로 그 때
　부터 알게 되어 그 후에도 계속하여 그 사람 자택 등으로 방문한
　사실이 있어 친절한 처지였습니다. 그리하여 하루는 同人 집을 방
　문하였던바 同人 말이 대남 공작 대원으로 남파한다는 말을 들은
　관계로 同人과 접선 공작하기 위하여 발신하였던 것이올시다.

**이때 이미 남하 잠입한 趙○○에게 錢○○을 통하여 보내려던 서신을
피의자에게 제시하고**

문 이 편지를 피의자가 相 피의자 金○○에게 주어서 錢○○으로 하여
　금 趙○○에게 보내려던 서신이 틀림없는가?
답 그 서신이 틀림없는데 그 내용으로는 수도의과대학 부속병원 외래
　환자 접수실 대합소에서 동년 9월 2일까지 연락 접선하자는 내용으
　로 제가 작성하였던 것이올시다.

**이때 李○○ 외 성명 불상 2명의 성명을 기재한 문건을 피의자에게 제
시하고**

문 이 문건이 합법으로 쟁취하기 위하여 포섭 공작하려고 거소를 탐지
　할 목적으로 金○○에게 준 문건이 틀림없는가?
답 그것이 틀림없습니다. 그런데 그 중 李○○은 과거부터 일제 시 사
　회운동할 때부터 안면이 있었고, 李○○은 (괴뢰집단) 문학예술 총
　동맹 위원장 李○○과 종형제간이라는 것을 同人으로부터 전해 들

고, 南○○은 북에서 국립출판사 편집인인 金○○의 매제라는 것을 전부 북에 있을 때 알았기 때문에 동인 등을 포섭 공작하려고 거소를 탐지하려 하였던 것이올시다. 그리고 제가 작성하였습니다.

이때 錢○○에게 서신을 완전히 전달하기 위하여 주의사항을 기재한 문건을 피의자에게 제시하고

문 이 문건이 錢○○에게 보내는 서신을 완전히 전달케 하기 위하여 金○○에게 준 문건인가

답 그것이 틀림없는데, 제가 錢○○에게 전달하는 서신을 완전히 전달하기 위하여 제가 작성하고 金○○에게 준 문건이올시다.

이때 약재를 구입하기 위하여 명세한 문건을 피의자에게 제시하고

문 이 문건은 약재를 구입하기 위하여 기재한 문건인가?

답 제가 신병으로 약을 하여 먹으려고 구입하려던 약명을 기입한 문건으로 제가 작성하여 金○○에게 주었던 것이올시다.

이때 주소 및 전화번호를 기입한 문건을 피의자에게 제시하고

문 이 문건은 무엇인가?

답 그 문건은 제가 병원 안에서 전화부에서 발견한 錢○○의 주소로서 제가 기재하여 金○○에게 준 문건이올시다.

이때 李○○을 기재한 문건을 제시하고

문 이 문건은 무엇인가?

답 그 문건은 앞에서 기록한 병원에서 전화명부에서 발견하고 기재하여 金○○에게 전달한 것인데 同 李○○은 일제 시 저의 본적지에서 구례군수를 역임하였던 관계로 자연히 친면이 있게 되어 同人을 포섭 공작하기 위하여 거소를 탐색하려 하였던 것이올시다.

문 그러면 밀봉 교육과정에서 합법전취 대상 인물로 설정한 金○○을, 남하(한 후) 서울에 잠입하여 居所를 探索하였는가?

답 탐색할 시일이 없어 찾지 못하였는데, 앞으로 차차 토대가 잡히는 대로 접선 공작하려 한 것이올시다.

문 그러면 피의자가 숭배하는 인물은 누구인가?

답 정치적으로나 또 개인적으로 남북을 통하여 숭배하는 인물이 없다고 생각합니다.

문 이상 진술이 틀림없는가?

답 틀림없습니다.

右 조서를 진술자에게 (열람하게 하고) (읽어주고)
기재내용에 오기의 유무를 물은 즉 오기악
증감 변경할 점이 없음을 진술하고 간인한 후
서명 날인 함

진술인   선태섭

단기 4290년 9월 23일

인천경찰서

사법경찰관 사무○○

경사 姜○○

참여 사법경찰리

순경 趙○○

참고 문헌

〈자료 및 자료모음집〉

1930년 11월 28일 朝保秘 제1560호, 『朝鮮共産黨並同靑年會再建組織運動檢擧
　　ニ關スル件』보고. 姜德相・梶村秀樹 編, 『現代史資料』29.

姜德相・梶村秀樹 編, 『現代史資料』29, 東京: みすず書房, 1972.

高等法院 檢事局 思想部, 『思想彙報』第三號, 1935. 6.

구례군지편찬위원회, 『구례군지』, 2005.

구례군사편찬위원회, 『구례군사』, 1987

구례향토문화연구회・구례문화원, 『일제강점기 조선일보・동아일보 구례기사(1)』
　　구례향토문화사료집(제18집).

광주지방법원 순천지청, 1928년 10월 31일, 선태섭 등 판결문, 국가보훈처 공훈
　　전자사료관.

광주지방법원, 1933년 11월 18일, 김재동 등 27인 판결문, 국가보훈처 공훈전자
　　사료관.

광주지방법원, 1934년 11월 27일, 김재동 등 26인 판결문, 국가보훈처 공훈전자
　　사료관.

대구복심법원, 1928년 12월 20일, 선태섭 등 판결문, 국가보훈처 공훈전자사료관.

인천경찰서, '1957년 선태섭 심문조서'.

인천경찰서, '1957년 선태섭 진술서'.

전라남도지편찬위원회, 『전라남도지』 8권, 1993.

전라남도지편찬위원회, 『전라남도지』 9권, 1993.

조선총독부 경무국, 「最近ニ於ケル勞農運動ノ槪況」, 『노농운동개황』, 1924.

朝鮮總督府 警務局, 『最近に於ける朝鮮治安狀況』, 1938.

朝鮮總督府 官房文書課, 『朝鮮의 群衆』, 1926

〈 문헌 및 논문 〉

김남식, 『남로당 연구』, 돌베개, 1984.

김남식 편, 『「남로당」 연구 자료집』 제2집, 고려대학교 아세아문제연구소.

김성보, '광주학생운동과 사회주의 청년·학생조직', 역사문제연구소, 『역사비평』
        1989년 봄호.

김인덕, '조선공산당의 투쟁과 해산 -당 대회를 중심으로-', 한국역사연구회
        1930년대 연구반, 『일제하사회주의운동사』, 한길사, 1991.

김점숙, 『1930년대 전반기 전남지방 조선공산당 재건 연구』, 이화여자대학교
        대학원 사학과 석사학위논문, 1990.

김점숙, '1920년대 전남지방 농민운동', 역사문제연구소, 『한국 근현대 지역운동사』 Ⅱ
        -호남편, 여강, 1993.

김준엽·김창순, 『한국공산주의운동사』 3, 청계연구소, 1986.

권경안, 『큰 산 아래 사람들 -구례의 역사와 문화-』, 향지사, 2000.

박찬승, '일제하 소안도의 항일민족운동', 목포대 도서문화연구소, 『도서문화』,
        1993. 01.

박찬승, '일제하 영광지방의 민족운동과 사회운동', 『한국민족운동사연구』, 국학
        자료원, 2002.

방인후, 『북한 「조선로동당」의 형성과 발전』, 고대 아세아문제연구소, 1970.

선우기성,『한국청년운동사』, 금문사, 1973.

스칼라피노 · 이정식 외 6인,『신간회연구』, 동녘, 1983.

신주백, '8 · 15해방과 조선공산당 재건 -조직문제를 중심으로-', 한국역사연구회 1930년대 연구반,『일제하사회주의운동사』, 한길사, 1991.

신주백, '1925-1928년 시기 전남지방 사회운동 연구 -조공 전남도당의 조직과 활동을 중심으로-', 역사문제연구소,『한국 근현대 지역운동사』Ⅱ -호남편, 여강, 1993.

신주백,『1930년대 국내 민족운동사』, 선인, 2004.

안종철,『광주 · 전남 지방현대사 연구 -건준 및 인민위원회를 중심으로』, 한울, 1991.

안종철, '해방 직후 전남지방의 세력구도와 남로당', 역사문제연구소,『한국근현대지역운동사 Ⅱ -호남편』, 여강, 1993.

안종철 · 김준 · 정장우 · 최정기,『근현대의 형성과 지역 사회운동』, 새길, 1995.

이기백 책임편집,『한국사시민강좌』제25집, 일조각, 1999.

이기하,『한국공산주의운동사』, 국토통일원 조사연구실, 1976.

이균영,『신간회연구』, 한양대학교 대학원 박사학위논문, 1990.

이균영,『신간회연구』, 역사비평사, 1993.

이재화 · 한홍구 편,『한국민족해방운동사자료총서』2, 경원문화사.

이종민, '당재건운동의 개시(1929-31년)', 한국역사연구회 1930년대 연구반,『일제하사회주의운동사』, 한길사, 1991.

임경석, '국내 공산주의운동의 전개과정과 그 전술(1937-45년)', 한국역사연구회 1930년대 연구반,『일제하사회주의운동사』, 한길사, 1991.

한국역사연구회 1930년대 연구반,『일제하사회주의운동사』, 한길사, 1991.

함태식,『단 한번이라도 이곳을 거쳐간 사람이라면』, 초당, 1995.

찾아보기

ㄱ

기타